Gerrit-Richard Ranft

Mit Kindern unterwegs

Rund um Kassel – Im Märchenland der Brüder Grimm

Fleischhauer & Spohn Verlag

Titelbild: Burg Ludwigstein, Witzenhausen a. d. Werra

Bildnachweis: Alle Aufnahmen stammen vom Verfasser.

Layout: Rainer Wittner, 67435 Neustadt

Kartenskizzen: Walter Gebhard, 74821 Mosbach,
e-Mail: gestaltungsatelier.gebhard@t-online.de

Gesamtherstellung: Laub GmbH & Co., 74834 Elztal-Dallau

ISBN: 3-87230-584-0

Inhalt

Inhalt

Grußwort

Die Region Kassel-Land, das Märchenland der Brüder Grimm, bietet ihren Gästen nicht nur Natur, sondern auch über das ganze Jahr eine Fülle interessanter Aktivitäten und Veranstaltungen. Der Bogen spannt sich von anspruchsvollen Konzerten in Burgen, Schlössern und Kirchen über Theateraufführungen und Kunstausstellungen bis hin zu den traditionsreichen Volksfesten in unseren Städten und Gemeinden. Auch der Aktivurlauber findet vielfältige Möglichkeiten in unserer Region. So lädt beispielsweise der Märchenlandweg, ein sagenhafter Wanderweg durch das Märchenland der Brüder Grimm, ein, die Region und die Sagen und Märchen, die sich hier abgespielt haben sollen, per pedes zu erkunden.

Durch dichte Wälder, über sanfte Hügel, entlang an Flüssen und Bächen führt Sie der Märchenlandweg zu den sagen- und märchenhaften Orten in und um Kassel.

Lassen Sie Ihrer Fantasie ruhig freien Lauf, zum Beispiel auf einer geführten Wanderung durch den Habichtswald, bei einer Weserüberquerung mit der Märchenfähre oder beim Erklimmen der Helfensteine auf dem Hohen Dörnberg, die von Ahnatal aus betrachtet aussehen, wie ein schlafender Riese. Natürlich führt Sie der Märchenlandweg auch in den Reinhardswald und dort zur Sababurg, wo ein Prinz vor vielen hundert Jahren Dornröschen wachküsste. Am Fuße der Sababurg, zwischen mächtigen Eichen, grasen zottelige Wisente, seitab ziehen Damhirsche und gedrungene Pferde, deren Vorfahren schon in der Steinzeit durch Europa und Asien streiften, über weite Weiden.

Es ist der Tierpark Sababurg im Herzen dieses sagenumwobenen Reinhardswaldes. Schon 1571 gründete Landgraf Wilhelm, der Gelehrte, diesen Tierpark zur Wildbeobachtung. Heute zieht er alljährlich rund 150 000 Besucher an.

Aber nicht nur im Sommer lohnt es sich, den Märchenlandweg zu wandern, denn dieser Weg hat zu jeder Jahreszeit und bei jedem Wetter seine Reize. Sollte Ihnen einmal nicht zum Wandern zu Mute sein, dann besuchen Sie doch die Schauenburger Märchenwache, das Grimm-Museum in Kassel oder die Sterntaler-Scheune in Breuna.

Die 29 Städte und Kommunen am Märchenlandweg bieten ein buntes kulturelles Programm zu Märchen und Sagen für alle Altersgruppen: Märchentheater, Märchenerzählungen, Märchenmusicals – für jeden ist etwas Passendes dabei.

Lothar Merkwirth
Vorstandsvorsitzender
Region Kassel-Land e. V. – Touristik und Regionalentwicklung

Zu Gast bei Dornröschen & Co.

Dornröschen verschlief 100 Jahre auf der Sababurg (siehe Kapitel 4). Im tiefen Wald beim Städtchen Helsa (siehe Kapitel 28) hüpfte Rumpelstilzchen ums Feuer. Der Froschkönig sprang in Naumburg (siehe Kapitel 25) aus seinem Brunnen. Bei Breuna fielen die Sterntaler vom Himmel, und von der Trendelburg ließ Rapunzel ihr Haar herunter. Und wenn sie nicht gestorben sind, so leben sie noch heute.

Vor nun bald 200 Jahren haben die Brüder Jakob und Wilhelm Grimm den Leuten in Hessens Norden ihre Märchen und Sagen, ihre auch gelegentlich hintergründigen Geschichten abgelauscht. Sie haben sie aufgeschrieben und ihnen damit den Weg in alle Welt bereitet, der Frau Holle (siehe Kapitel 30, Kapitel „Naturpark Meißner Kaufunger Wald") und dem tapferen Schneiderlein, dem Hans im Glück und dem Machandelbaum und vielen anderen auch. In und um Kassel sind die Sagen und Märchen der Brüder Grimm noch heute lebendig.

Mit dem „Märchenlandweg" haben die im Grunde heimatlosen Gesellen aus den Grimmschen Erzählungen seit ein paar Jahren ein Zuhause gefunden. So sind sie nun am Hohen Meißner daheim und im Kaufunger Wald, im Habichts- und im Reinhardswald, und alles dort ist heute „Märchenland der Brüder Grimm". Dörfer und Fachwerkstädtchen, Berg und Tal, Wälder und Felder, Bäche, Flüsse, Tümpel, auch Seen bergen viele kleine Geheimnisse.

In diesem Märchenland hat sich 1997 die „Schauenburger Märchenwache" (siehe Kapitel 15) niedergelassen, bald darauf ergänzt um die „Schauenburger Märchenpfade". Und seit 1999 windet sich in ungezählten Kehren und Schlingen der Märchenlandweg über Berg und Tal, eine 350 Kilometer lange Wanderstrecke kreuz und quer durch den Landkreis Kassel und ein wenig darüber hinaus – immer aber durchs Märchenland der Brüder Grimm.

An rund 30 Plätzen längs der Wanderroute werden die großen und kleinen Helden der Grimmschen Märchen gehegt und gepflegt und gelegentlich auch gefeiert. In Oedelsheim an der Weser ist's der Gestiefelte Kater, in Nieste am Kaufunger Wald das Tischlein Deck Dich, in Wolfhagen (siehe Kapitel 14) der Wolf und die sieben Geißlein. Nur in Hannoversch Münden (siehe Kapitel 9) fällt einer aus dem Rahmen – der Doktor Eisenbarth. Er ist kein Märchen, hat tatsächlich gelebt und kommt bei den Brüdern Grimm gar nicht vor.

Auch zu den wichtigsten Helfern der Märchensammler bringt der Märchenlandweg den Wanderer. In der „Brauerei Knallhütte" bei Baunatal (siehe Kapitel 27) lebte Dorothea Viehmann, vielleicht die bekannteste unter den Grimmschen Märchenzuträgern. Aber auch der Dragonerwachtmeister Johann Friedrich Krause und Marie von

Dalwigk, geborene Hassenpflug (siehe Kapitel 15), sind nicht vergessen mit ihren Erzählungen vom Rotkäppchen, vom Dornröschen, vom Schneewittchen.

Auskünfte: Region Kassel e. V.
Bahnhofstraße 26, 34369 Hofgeismar
Telefon 0 56 71/92 54 20
Telefax 0 56 71/92 54 21
e-Mail: regionkassel_ev@t-online.de
Internet: www.kassel-land.de

Zahllose Wanderwege im Märchenland der Brüder Grimm

Von der Hafen- zur Salzstadt

Die ideale Stadt hat der hessische Landgraf Karl an der Wende vom 17. zum 18. Jahrhundert bauen wollen. An der Einmündung der Diemel in die Weser sollte sie entstehen. Nicht nur als Stadt. Zugleich sollte sie ein wichtiger Hafen werden. Die noch immer unter den katastrophalen Folgen des Dreißigjährigen Kriegs leidende Landgrafschaft Hessen sollte der Kanal zu wirtschaftlicher Blüte führen.

Den Grundstein zur neuen Stadt, die er „Sieburg" nannte, legte der Landgraf im Jahr 1699. Als erste Siedler kamen Hugenotten, protestantische Glaubensflüchtlinge aus Frankreich, an Weser und Diemel. Das erste Haus, das errichtet wurde, ist das heutige Restaurant und Hotel „Landgraf Carl".

Mitten in der Stadt liegt noch immer der auf Weisung des Landgrafen angelegte Hafen. Einlaufende Schiffe sollten hier in einer Art Ehrenhof, wie er von Barockschlössern bekannt ist, begrüßt werden. Es blieb beim Hafen und einem kurzen Stück Kanal. Das eigentliche und wirklich ehrgeizige Vorhaben des Landgrafen wurde nicht verwirklicht – der Kanal nach Kassel.

Zwischen Kassel, der Hauptstadt seiner Landgrafschaft, und der neuen Stadt an der Diemelmündung nämlich lag und liegt noch heute Hannoversch Münden, Ausland in jener fernen Zeit. Jede Schiffsladung, die das zum Herzogtum Hannover gehörende Münden passierte, musste dort Zoll entrichten. Diesen Geldabfluss wollte Karl umgehen. Deshalb sollte ein Kanal über eigenes Territorium seine 1717 in Carlshafen umbenannte Stadtgründung mit Kassel verbinden.

Die Bauarbeiten an Stadt und Kanal wurden unterbrochen, als Carl 1730 starb. Sein Nachfolger Landgraf Friedrich II. führte die Pläne nicht weiter. In den Hafen fuhr nie ein Frachtschiff ein. Friedrich ließ Pumpstationen, Siedehäuser, Gradierwerke bauen, in denen Salz gewonnen wurde. Der hugenottische Arzt Galland hätte eine Solequelle entdeckt, aus der sich das „weiße Gold" sieden ließ.

Anstatt zur Hafenstadt wurde Carlshafen zur Salzstadt. Heilkräftiges Wasser wird seit 1838 gewonnen, woraufhin die Hafen- und Salzstadt dann zum Heilbad wurde. Seit 1977 führt Karlshafen (heute mit „K" geschrieben) den Titel „Bad".

Der Bummel um das in gepflegter Ruhe liegende Hafenbecken führt zum Rathaus mit seinem *Glockenspiel*, zum wappengeschmückten *Invalidenhaus*, zum ehemaligen Zollhaus, zur alten Posthalterei – lauter prachtvolle Bauten im Stil des Barock.

Vom *„Hugenottenturm"* auf dem „Kaiserstein" tut sich ein wundervoller Blick auf über die Altstadt und die Weser hinauf. Die Anlage der Stadt am Reißbrett wird von dort oben erkennbar. Hinauf führt der drei Kilometer lange *Rundweg 22*, der jenseits der Diemel am Ende der „Weserstraße" mit dem kleinen Treppenaufgang beginnt.

Bad Karlshafen

Stadtteile:
Bad Karlshafen und Helmarshausen

Daten:
4 300 Einwohner, 105 – 205 m über dem Meer

Städtepartnerschaften:
St. Alban in Frankreich, 's-Gravenzande in den Niederlanden, Bad Suderode in Sachsen-Anhalt

Stadtwappen:
Die Stadtfahne trägt die Farben Grün und Gelb. Das Stadtwappen trägt den hessischen Löwen auf einer Mauer, darunter eine aufgehende Sonne.

Stadtrundgang:
Faltblatt: In der Kurverwaltung liegen verschiedene Faltblätter aus, die durch beide Stadtteile führen. Ein Besuch Bad Karlshafens muss immer auch den Abstecher nach Helmarshausen enthalten, vor mehr als 1 000 Jahren Kloster und – der Sage nach – vor Zeiten Wohnsitz des Riesen Kruko (siehe Kapitel 2).

Hallenbad:	mit Freigelände im Bürgerhaus Helmarshausen, Niederau	
Öffnungszeiten:	dienstags, donnerstags und freitags	8.00 – 12.00 Uhr
	und	15.00 – 20.00 Uhr
	mittwochs	8.00 – 12.00 Uhr
	und	15.00 – 22.00 Uhr
	samstags und sonntags	9.00 – 16.00 Uhr
Auskünfte:	Telefon 0 56 72/10 54	
Grillplatz:	in Helmarshausen Telefon 0 56 72/99 99 22	
Bootsverleih:	Boots-, Kanu- und Paddelbootverleih Telefon 0 52 71/92 13 63	
Minigolf:	am Zusammenfluss von Diemel und Weser Telefon 0 56 72/17 40 oder 26 50	

Wandern:	ca. 300 km markierte Wanderwege rund um beide Stadtteile
Tierpark:	Bergzoo mit Lamas, Affen, Damwild, Zwergziegen, Fasanen, Papageien und anderen Tieren in Helmarshausen, halbwegs zwischen dem Ort und der Krukenburg
Öffnungszeiten:	April bis Oktober täglich 9.00 – 18.00 Uhr November bis März täglich 9.00 Uhr bis Anbruch der Dunkelheit
Auskünfte:	Telefon (tagsüber) 01 77/8 81 31 70 Internet: www.bergzoo.de

Hafen:
Die ruhige Wasserfläche ist nie von Schiffsverkehr gestört worden, weil der zugehörige Kanal nach Kassel nicht fertig wurde. Drumherum stehen die wichtigsten Bauten der „Barockstadt" wie Rathaus von 1718, Invalidenhaus von 1710, Hotel-Restaurant Landgraf Carl von 1699, das Deutsche Hugenotten-Museum.

Glockenspiel:
im Rathausturm täglich 11.00, 15.00, 17.00 und 19.00 Uhr

Hugenotten-Museum:
Hafenplatz 9a
Auf zwei Etagen einer ehemaligen Zigarrenfabrik führt die Ausstellung in die dramatische Geschichte der Hugenotten ein, ihre Flucht aus Frankreich, ihre Aufnahme in Deutschland gibt Einblicke in die Entstehung Bad Karlshafens.

Öffnungszeiten:	dienstags bis samstags	9.00 – 12.00 Uhr
	und	14.00 – 18.00 Uhr
	sonntags	11.00 – 18.00 Uhr
	31. Dezember bis 16. Februar	geschlossen
Auskünfte:	Telefon 0 56 72/14 10 und /14 33 Telefax 0 56 72/92 50 72	

Evangelische Kirche:
In der Helmarshauser Pfarrkirche ist eine Faksimile-Ausgabe des Evangeliars ausgestellt, das Heinrich der Löwe, Herzog von Sachsen und Bayern, um 1173 dort im Kloster hat malen lassen.

Auskünfte:	Kurverwaltung im Rathaus	
	Telefon	0 56 72/99 99 22
	Telefax	0 56 72/99 99 25
	Internet:	www.bad-karlshafen.de
	e-Mail:	kurverw.bad-karlshafen@t-online.de

Mit dem NVV: Linien R3, Bus 102

Bad Karlshafen unterm Hugenottenturm

Saba, Brama, Trendula

Hier hat es angefangen. Ohne die „Krukenburg" gäbe es die „Sababurg" im Reinhardswald nicht. Auch die „Trendelburg" zwischen Bad Karlshafen und Hofgeismar blickte nicht zur Diemel hinunter. Und die Ruine der Bramburg hoch über der Weser unweit Reinhardshagen wäre nie entstanden.

Es liegt lange zurück. Da lebte auf der Krukenburg nahe der Mündung der Diemel in die Weser der Riese Kruko. Der hatte drei Töchter. Die nannte er Brama, Saba und Trendula. Nach dem Tod ihres Vaters Kruko gerieten die Kinder bald untereinander in Streit.

Trendula trieb's am schlimmsten. Sie ärgerte und quälte ihre Schwestern, wo sie nur konnte. Vor allem Brama hatte unter ihr zu leiden. Weil sie fortwährend über die Quälereien der Schwester Trendula weinte, erblindete Brama schließlich.

Sie verließ die Krukenburg und baute sich jenseits der Weser am Rand des Bramwalds die Bramburg. Saba, gegen die sich nun der ganze Hass Trendulas richtete, zog auch bald fort. Sie ließ sich die Sababurg am Nordrand des Reinhardswalds einrichten.

Weil Saba Mitgefühl für die erblindete Brama empfand, besuchte sie die Schwester regelmäßig. Sobald dichter Nebel abends die Täler von Weser und Diemel verhüllte, machte sie sich mit Riesenschritten auf zur Bramburg. Dort blieb sie bis Sonnenaufgang.

Diese Besuche bei Nacht und Nebel blieben der bösen Trendula natürlich nicht verborgen. Denn Sabas Weg zur Schwester Brama führte stets nah an der Krukenburg vorüber. Eines nachts lauerte Trendula der Schwester auf und erwürgte sie. Die Stelle wenig südlich der Burg heißt bis heute die Mordkammer.

Nun verließ auch Trendula ihr Heim und baute sich an der Diemel die Trendelburg. Doch ihre Streitsucht hatte auch dort kein Ende. Sie peinigte weiterhin die Menschen in ihrer Umgebung. Dann zog ein schweres Gewitter auf mit Wolkenbrüchen, Blitz und Donner, dass es sieben Tage und sieben Nächte nicht aufhörte.

Als Trendula während des Gewitters einmal aufs freie Feld trat, wurde sie vom Blitz erschlagen. Die Menschen sahen darin ein Gottesurteil, das die Böse gerichtet hatte. Zwei tiefe Löcher blieben im Erdboden an der Stelle, an der Trendula der Blitz getroffen hatte. Sie heißen bis heute die Wolkenbrüche.

Die Krukenburg, prachtvolle Ruine

Die Burg des Riesen Kruko ist – wie die Bramburg – heute Ruine. Sie liegt oberhalb Helmarshausen, einem Stadtteil von Bad Karlshafen an der Weser. Sie war nie eine Ritterfestung, sondern stets ein stark gesichertes, gut geschütztes Kloster. In Kriegszeiten ist sie nie erobert worden, im Verlauf der Jahrhunderte aber nach und nach verfallen.

Auch als Ruine vermittelt die Burg immer noch einen machtvollen Eindruck. Am Eingang zum Burggelände gibt es ein Faltblatt, das die Vergangenheit dieser einst bedeutenden Klosteranlage erzählt. In der Benediktinerabtei wurden im frühen Mittelalter eine Malschule und eine Goldschmiedewerkstatt unterhalten. Das Evangeliar Heinrichs des Löwen mit den kostbar ausgemalten Texten der vier Evangelisten der Bibel ist hier im Jahr 1173 entstanden.

In der Helmarshauser Pfarrkirche liegt eine Faksimile des Werks aus. Mehr zu Helmarshausen unter Bad Karlshafen (siehe Kapitel 1).

i

Öffnungszeiten: im Sommerhalbjahr gegen Entgelt
täglich 10.00 – 18.00 Uhr
im Winterhalbjahr steht der Zugang ständig offen, die Burg ist frei zugänglich

Auskünfte: Klemens Wolff, Telefon 0 56 72/28 23

Mit dem NVV: Linien R3, Bus 102, 125

Abenteuerspiele auf der Krukenburg

Wasser bergab und bergauf

Zu Dutzenden stehen da kleine Bauwerke auf der Waldlichtung am linken Weserhang. Wasser rinnt und rieselt in Bächen und schmalen Gräben zu Tal. Vorüber an Mühlen und Burgen, an Rathäusern, Schlössern und Festungen, über Mühlräder, Wehre und Sperren.
Gut und gern 70 Modellbauten hat der Bühnenbildner und Grafiker Richard Wittich aus Kassel-Sanderhausen von 1969 an in zwölf Jahren im Maßstab 1 : 25 und 1 : 40 akribisch genau zusammengesetzt. Angefangen hat er mit Wassermühlen. Darum heißt der Ort heute noch der Mühlenplatz.

Später kamen Burgen hinzu wie der Karlstein bei Prag, die Wartburg oberhalb Eisenach, die Ronneburg aus Hessen. Die Schlösser Lichtenstein und Neuschwanstein stehen auf der grünen Wiese, auch das Fachwerkrathaus von Melsungen (siehe Kapitel 36). Jedes Bauwerk ist dem großen Original maßstabsgetreu nachgebildet.

Richard Wittich, dem Gieselwerder, Ortsteil von Oberweser, den Mühlenplatz verdankt, lebt nicht mehr. Doch Karin Rossel, die das gut 3 000 Quadratmeter große Areal von der Gemeinde gepachtet hat, erzählt gern von ihm und seinem Werk – sofern sie Zeit findet im Besucherstrom. Wittich hatte wohl nie vorgehabt, eine öffentliche Anlage aus seinem Steckenpferd zu machen.

Er hatte nur einen Platz gesucht, um seine Modelle aufzustellen und die Mühlräder zum Laufen zu bringen. Dann kamen erste Gäste und Wittich brachte eine Spendenbüchse am Eingang an. Er hörte 1981 auf zu basteln, übergab den Platz einem von ihm angelernten Nachfolger. Der baute weitere 79 Modelle.

Nun entstanden aber vor allem orientalische Prachtbauten. Auch der Moskauer Kreml war drunter. Doch als der fleißige Handwerker seine Schöpfungen aufstellen wollte, machten Gemeinde und Forstamt nicht mit. Die neuen Bauten seien weder vom Stil noch von ihrer Geschichte her mit dem guten alten Mühlenplatz in Verbindung zu bringen. Wittichs Nachfolger zog sich zurück. Der Mühlenplatz blieb, wie Wittich ihn übergeben hatte.

Wasser bergauf

Wenig oberhalb des kleinen Parks, an der Straße von Gieselwerder hinauf nach Gottsbüren, ereignet sich am linken Berghang ständig ein kleines Naturwunder. Dort fließt Wasser, das aus einer Quelle am Hang tritt, bergauf, nicht wirklich. Aber die optische Täuschung ist perfekt. Von welcher Seite her es auch immer betrachtet wird, das Wasser fließt einfach nicht, wie es sich gehört, den Hang hinunter.

Auge und Hirn erleben die perfekte Sinnestäuschung. Die Stelle, an dem sich das kleine Wunder ereignet, heißt denn auch: Wasser bergauf.

Schlösser, Burgen, Mühlen und anderes am Mühlenplatz

Der Weg zum Mühlenplatz:
Von Hannoversch Münden auf der B 80 weserabwärts nach Oberweser-Gieselwerder. Vor dem Abzweig nach Trendelburg stehen auf der linken Straßenseite Wegweiser „Zum Mühlenplatz".

Öffnungszeiten:	1. April bis 30. September	
	täglich	9.00 – 18.00 Uhr
	1. Oktober bis 15. Oktober	
	täglich	9.00 – 17.00 Uhr

Auskünfte: Verkehrsamt der Gemeinde Oberweser
Haus des Gastes, 34399 Oberweser
Telefon 0 55 72/93 73 20
Telefax 0 55 72/93 73 40
e-Mail: oberweser@kgrz-kassel.de
Internet: www.oberweser.de

Mühlenplatz
34399 Oberweser-Gieselwerder
Telefon 0 55 72/15 10

Mit dem NVV: Linien R3, Bus 113, 111

Dornröschens Märchenschloss

„Rings um das Schloss aber begann eine Dornenhecke zu wachsen, die jedes Jahr höher ward und endlich das ganze Schloss umzog und darüber hinaus wuchs, dass gar nichts mehr davon zu sehen war, selbst nicht die Fahne auf dem Dach."

So haben es vor nun bald 200 Jahren die Brüder Grimm in ihrem Märchen vom Dornröschen erstmals erzählt. Die Hecke wuchs, nachdem sich die Königstochter mit der Spindel gestochen hatte und in einen hundertjährigen Schlaf gefallen war. Heute erzählt Karl Koseck, seit langem schon Herr auf der Sababurg mitten im Reinhardswald, dass auch um sein Schloss herum vor Jahrhunderten eine Rosenhecke geblüht habe – bis zu 20 Meter breit.

Vielleicht sehen wegen dieser inzwischen allerdings verschwundenen Rosenhecke so viele Besucher seit dem 19. Jahrhundert schon in der Sababurg das verwunschene Dornröschenschloss. Heute ersetzt eine Mauer die Hecke. Aber im Burggarten wachsen immer noch Rosen, gut 50 verschiedene Arten, unter ihnen eine mit dem Namen „Dornröschenschloss Sababurg".

Auch Dornröschen selbst und ihr Prinz werden immer mal wieder im Schloss gesehen. Sie kommen, um Gäste zu begrüßen, Geschichten zu erzählen, Märchen vorzulesen. Beide sind allerdings nicht von Adel, sondern gewöhnliche Schüler aus der Umgebung des Schlosses. Von Zeit zu Zeit und aus besonderem Anlass schlüpfen sie ins Märchengewand.

Europas ältester Tierpark

Das Erzbistum Mainz hat die Sababurg 1334 bauen lassen. Sie sollte Pilger schützen, die zum nahen Wallfahrtsort Gottsbüren zogen. Zur Burg gehört heute der älteste erhaltene Tierpark Europas. Er war schon 1571 mit einer fünf Kilometer langen und zweieinhalb Meter hohen Mauer umgeben worden. Jedoch nicht, um darin Tiere wie heute in einem Zoo zu halten und sie Besuchern vorzustellen. Nein, das Wild im Wald innerhalb der Mauer sollte nicht davonlaufen können, wenn der Landgraf von Hessen als Nachfolger der Mainzer Kurfürsten zur Jagd anrückte.

Heute ist der Park ein richtiger Tiergarten, noch immer aber von der alten hohen Mauer eingefasst. In ihm leben unter 300 Jahre alten Eichen Wisent und Auerochs, Urwildpferd und Hirsch, dazu Damwild, Luchse, Wölfe, Fischotter. Sogar der Steinbock aus dem westlichen Kaukasus ist hier heimisch geworden und das Känguru aus dem fernen Australien. Mehr als 650 Tiere aus 85 verschiedenen Arten werden im Park gehalten. Auf einer Greifvogelwarte zeigen See- und Steppenadler, Bussard, Falke, Schneeeule sommertags ihre Flugkünste.

Der Trick des Grafen Reinhard

Rund um die Sababurg liegt Hessens ältestes Naturschutzgebiet, der *Reinhardswald*. Karl Koseck erzählt gern die Geschichte vom findigen Grafen Reinhard, der den uralten Eichen- und Buchenwald hat wachsen lassen. Das kam so: Graf Reinhard, vor Jahrhunderten Herr auf der Sababurg, hatte gelegentlich den Bischof von Paderborn zu Besuch, dessen Bistum direkt an Reinhards Besitz grenzte. Beide liebten das Glücksspiel.

Mal gewann dieser, mal jener. Dann brachte eine einzige Nacht den Grafen um sein gesamtes Hab und Gut. Ehe er aber die angestammte Burg räumte, erbat er sich vom Bischof einen letzten Gefallen. Er wolle auf seinem Besitz noch einmal säen und ernten. Der geistliche Herr willigte ein. Graf Reinhard säte Eicheln, die erst nach Jahren Früchte tragen. So blieb er noch eine gute Weile Herr auf seinem Schloss, während nach und nach der Reinhardswald heranwuchs.

Nah der Sababurg liegt ein besonders geschütztes Waldgelände, ein Urwald. Keiner wie in Afrika oder anderswo in den Tropen. Allerdings ist auch hier der Wald sich selbst überlassen. Bäume, die sterben, vom Sturm gefällt werden, bleiben liegen, verdorren, vermodern. Nichts wird aufgeräumt. Im Urwald bei der Sababurg stehen 600 Jahre alte Eichen und 400-jährige Buchen.

Tierische Gesellschaftsspiele im Tierpark Sababurg

i

Tierpark Sababurg

Öffnungszeiten:	April bis September	
	täglich	8.00 – 19.00 Uhr
	Oktober und März	
	täglich	9.00 – 17.00 Uhr
	November bis Februar	
	täglich	10.00 – 16.00 Uhr
Fütterungszeiten:	bei den Pinguinen: März bis Oktober	
	täglich	10.00 und 16.00 Uhr
	bei den Fischottern: November bis Februar	
	täglich	11.00 und 15.00 Uhr
	März bis Oktober	11.00 und 15.30 Uhr
Flugvorführungen:	Greifvögel	
	1. Mai bis 31. Oktober	
	täglich	außer montags
	11.30 Uhr, 14.30 Uhr und 16.15 Uhr	
Auskünfte:	Kasinoweg 22, 34369 Hofgeismar Telefon 0 56 71/8 00 12 51 e-Mail: info@tierpark-sababurg.de Internet: www.tierpark-sababurg.de Parkplätze vor dem Eingang sind kostenfrei. Hunde an der Leine dürfen in den Tierpark. Führungen werden ganzjährig angeboten	
Zugang zum Urwald:	vom Parkplatz Drecktor rechts der Straße von der Sababurg Richtung Hofgeismar	
Dornröschenschloss Sababurg:	Familie Koseck, 34369 Hofgeismar Telefon 0 56 71/80 80 Telefax 0 56 71/80 82 00 e-Mail: dornroeschenschloss@sababurg.de Internet: www.sababurg.de Nah dem Eingang liegt ein Restaurant ohne Ruhetag. Ein Kiosk bietet Getränke und Imbiss an sowie Souvenirs, Bücher, Wanderkarten.	
Mit dem NVV:	Buslinie 111, 133	

Das weiße Burgfräulein

Vor langer Zeit, so erzählen die Leute in Grebenstein gern Besuchern und Gästen, da lebte auf der Burg hoch droben über der Stadt ein angesehener adliger Herr. Doch das Schicksal meinte es wenig gut mit ihm. Im rüstigsten Mannesalter wurde er vom Tod abberufen. Die Tochter, erst 19 Jahre alt, beklagte den Verlust mit vielen heißen Tränen.

Sie glich ihrem Vater, war gutherzig, den Untertanen wohlgesonnen, dazu schön wie eine Maienkönigin. So hielt denn bald mancher Freier um ihre Hand an. Unter ihnen auch ein griesgrämiger alter Feind des Vaters. Doch dem ging's weniger um die zarte Hand des Burgfräuleins. Er wollte die Burg, den gut gefüllten Geldsack und die fruchtbaren Felder ringsum.

Eines Tages erklärte die junge Herrin dem Griesgram, er brauche sich weiter keine Hoffnung zu machen. Sie werde ihn nicht zum Mann nehmen. Das weckte in ihm den alten Zorn gegen den Vater. Doch nun richtete er sich gegen die Tochter. Mit einer starken Streitmacht zog er vor die Burg. Er wollte ihre Übergabe erzwingen und zugleich damit die Heirat. Viele Wochen lang ließ er die Burg belagern.

Das schöne Fräulein geriet in bittere Not. Aber es ergab sich nicht. Der Burgmüller drunten vor der Stadt am Fuß des Burgbergs erbarmte sich und brachte auf geheimen unterirdischen Wegen Brot hinauf. Doch Gram und Kummer, Angst und Sorge hatten die Schöne schon gezeichnet. Als eben die Belagerer unverrichteter Dinge abzogen, erkrankte das Burgfräulein und starb bald darauf.

Als aber die Grebensteiner nach drei Tagen hinaufgingen, um das Fräulein zu bestatten, war die Leiche verschwunden – spurlos. Das machte sie besorgt. Doch so sehr sie auch nachforschten. Sie fanden die Tote nicht. „Sie ist nicht tot", trösteten sie sich nun, „sie ist verzaubert".

Tatsächlich hat jemand die Dame einige Zeit später abends im Mondschein gesehen. In einer goldenen Kutsche, in ein weißes Gewand gekleidet, soll sie ein paar mal den Weg von der Burg zur Mühle hinunter- und wieder hinaufgefahren sein. Danach haben sie noch viele andere auch gesehen, Leichtgläubige, sagen sie in Grebenstein.

Glasbilder in Grebenstein

Grebenstein

Stadtteile:
Burguffeln, Grebenstein, Schachten, Udenhausen

Daten:
6 300 Einwohner, 186 m über dem Meer

Stadtwappen:
Das Wappen zeigt den heiligen Georg mit geschwungenem Schwert und einem Schild mit dem Hessenlöwen auf einem Ross über drei Hügeln mit Lindensprossen.

Stadtrundgang:
Ein Grebensteiner Altstadt-Rundgang wird auf einem vierseitigen Faltblatt beschrieben. Er beginnt am 40 m hohen „Jungfernturm" der noch zu großen Teilen erhaltenen Stadtmauer, führt kreuz und quer durch die Altstadt, vorbei am Eulen-, am Linden- und am Pulverturm, an Rathaus und Kirche. Er passiert fein herausgeputzte alte Fachwerkhäuser und gelangt schließlich durchs Burgtor und am Burgtorturm vorüber zum Palas hinauf, Rest der um 1265 erbauten Burg „Grafenstein". Von der Aussichtsplattform der Burgruine erschließt sich ein schöner Blick aufs Städtchen und drüber hinaus.

Stadtführung:
Gelegentlich führt Grebensteins Symbol, der „Turmwächter", kostenlos im mittelalterlichen Gewand durch die Stadt.
Telefon 0 56 74/64 24 oder 66 31

Jungfernturm:
Aus dem Fenster der oberen Turmstufe bietet sich ein schöner Blick über die Altstadt, die Neubauten vor der Stadtmauer und die Umgebung.

Öffnungszeiten:	Mai bis Oktober	
	samstags und sonntags	14.00 – 15.00 Uhr

Auskünfte: Telefon 0 56 74/67 37, /64 24 oder /14 80

Ackerbürgermuseum:
Schachtener Straße 11, 34393 Grebenstein
Eines der ältesten Fachwerkhäuser weit und breit, erbaut im Jahr 1431. Das Museum zeigt Wohnen und Arbeiten der einstigen Ackerbürger, stellt Berufe der Grebensteiner Zünfte vor und erklärt, wie aus Flachs Leinwand wird.

Öffnungszeiten:	15. April bis 15. Oktober	
	sonn- und feiertags	14.00 – 17.00 Uhr
Auskünfte:	Telefon 0 56 74/70 50 oder /13 54	

Beheiztes Freischwimmbad:
im „Sauertal"

Öffnungszeiten:	Mai bis Ende August	
	montags bis freitags	12.00 – 19.00 Uhr
	samstags, sonn- und feiertags sowie in den Sommerferien täglich	10.00 – 19.00 Uhr

Grillplatz: Freizeitanlage im Steinbruch
Telefon 0 56 74/7 05 12

Auskünfte: Stadt Grebenstein
Markt 1, 34393 Grebenstein
Telefon 0 56 74/7 05-0
Telefax 0 56 74/7 05-30
e-Mail: rathaus@stadt-grebenstein.de
Internet: www.stadt-grebenstein.de

Mit dem NVV: Linie R3, Bus 149

Furchtsame Römer

Unter dem 7. Juli 1123 wird der Ort Immenhausen erstmals schriftlich in einer Urkunde genannt. Doch die Leute im Städtchen gut 20 Kilometer nördlich Kassel sind überzeugt, ihr Ort sei viel älter. Vor nun bald 2 000 Jahren schon soll er entstanden sein. Und dies, weil ein schwer bewaffnetes, römisches Heer sich vor einem Bienenschwarm fürchtete. Das kam so:

Besatzungstruppen aus dem fernen Rom zogen unter ihrem Feldherrn Drusus gegen aufständische Chatten im heutigen nördlichen Hessen zu Felde. Durch dichte Wälder bahnten sie sich ihren Weg hinüber zur Weser. Dabei scheuchten sie in der Gegend, die heute Immenhausen heißt, einen großen Bienen- oder Immenschwarm auf. Die schwirrenden Honigsammlerinnen ließen sich – angeführt von ihrer Königin – bald darauf friedlich auf dem glänzenden Goldadler der vordersten Feldstandarte der Römerkohorte nieder.

Die Soldaten sahen in dem Ereignis ein böses Vorzeichen. Dass dies kriegswichtige Feldzeichen einfach so besetzt werden konnte, ließ sie für den weiteren Feldzug Schlimmes befürchten. Sie weigerten sich, den Marsch Richtung Weser fortzusetzen. An der Stelle, an der nun Immenhausen liegt, schlugen sie ihr Lager auf. Drusus verzichtete auf den Weitermarsch und kehrte mit der Truppe um. Aus dem Römerlager aber sei jener Ort hervorgegangen, sagen die Leute, der seinen Namen von den kleinen schwärmenden Insekten hat.

Ein Stadtspaziergang

Der Altstadtkern Immenhausens ist noch heute fast vollständig von einer drei Kilometer langen, ringförmigen Stadtmauer umgeben. Sie ist nicht überall zugänglich, weil an manchen Stellen Häuser angesetzt wurden. Doch ein Stadtspaziergang führt immer mal wieder zu Teilen der Mauer, auch zu anderen historischen Plätzen im Städtchen.

Vom Parkplatz am „Steinweg“ führt der Rundgang erst mal über den angrenzenden Spielplatz zum „Eulenturm“, dem ein Dächlein mit zwei Spitzen aufsitzt. Er überragt hier seit Jahrhunderten schon ein Stück Stadtmauer. Die „Obere Bahnhofstraße“, für die 1892 der Mauerdurchbruch geschaffen wurde, wird überquert. Drüben nun an der Stadtseite der Mauer entlang.

Rechts bleibt die Sparkasse zurück. Es geht ein Treppchen hinauf und an einer Rundmauer vorüber. Hier stand einst die „Pascheburg“. Im 13. Jahrhundert von den hessischen Landgrafen angelegt, wurde sie schon 1385 im Krieg zerstört. Die Wanderer bleiben auf der Stadtseite der Mauer, kommen am Durchbruch der „Bachstraße“ vorbei und schließlich zur „Neuen Straße“.

Hier verlässt der Rundgang die Stadtmauer. Es geht auf der „Neuen Straße" stadteinwärts bis zur Kreuzung mit der „Bachstraße". Dort nun links hinein und an der ersten Brücke rechts über den Bach. Dort steht noch der Bau der schon im 15. Jahrhundert genannten „Mädchenschule". Das Gässchen endet am „Alten Fachwerkrathaus", das heute zum Teil ein Gasthaus ist.

Das Immenhäuser Rathaus wird 1354 zum ersten Mal genannt und ist – wie die Burg – 1385 niedergebrannt. Der Nachfolgebau wurde im Dreißigjährigen Krieg vernichtet, aber schon 1643 wieder aufgebaut. Sein heutiges Aussehen mit der doppelläufigen Außentreppe hat das Rathaus mit dem Umbau 1662 erhalten.

Der weitere Weg führt zum Chor der gotischen „Georgskirche", dann rechts hinter dem Gotteshaus entlang. Das rechte der beiden Fachwerkhäuser nah dem Westeingang der Kirche ist die ehemalige „Jungenschule". Es wurde 1687 errichtet. Nun von der Kirche her schräg links über den „Kirchplatz", quer über die „Obere Bahnhofstraße" und drüben in der „Entengasse" weiter.

Rechts vom *„Hufeisenturm"*, auf dem kein Dach zu sehen ist, passiert der Wanderer erneut die Stadtmauer und kommt durch eine kleine Grünanlage zurück zum Parkplatz.

i

Immenhausen

Stadtteile:
Holzhausen, Immenhausen, Mariendorf

Daten:
7 100 Einwohner, 260 m über dem Meer

Städtepartnerschaft:
Montaigu in Frankreich

Stadtwappen:
Drei Türme symbolisieren die befestigte Stadtanlage Immenhausens. Das Wappen ist seit dem 13. Jahrhundert überliefert. Allerdings zeigte es bis zum Zusammenschluss mit den bis dahin eigenständigen Gemeinden Holzhausen und Mariendorf über dem Schildfuß den Löwen des Stadtgründers Landgraf Heinrich I. zu Hessen. Die Großgemeinde Immenhausen ersetzte 1973 den Löwen durch den Hirsch aus dem Holzhäuser Wappen.

Stadtrundgang:
Ein 16 Seiten starkes Heft, herausgegeben vom Magistrat der Stadt Immenhausen, teilt die wichtigsten Daten zur Geschichte aller drei Stadtteile mit und enthält zudem einen „Historischen Stadtrundgang" einschließlich eines Plans der mauerumwehrten Altstadt Immenhausen. Der Rundgang misst knapp 4 km und ist

damit etwa doppelt so lang wie der oben beschriebene Stadtspaziergang.

Freibad:
Auskünfte: Telefon 0 56 73/50 30 10 41

Hallenbad:
Auskünfte: Telefon 0 56 73/50 30 10 41

Grillplätze:
Freizeitanlage „Großes Loh" in Immenhausen
Freizeitanlage „Glück-Auf" mit Wassertretbecken in Holzhausen
Freizeitanlage bei der Reithalle in Mariendorf

Sämtliche Anlagen bieten ausreichend Platz zum Spielen. Auch Toiletten sind vorhanden. Telefon 0 56 73/50 30

Glasmuseum
Bahnhof 3, 34376 Immenhausen
Geschichte und Erzeugnisse der nach knapp 100-jährigem Betrieb 1996 geschlossenen Immenhäuser Glashütte, Sammlung internationaler Glaskunst der Gegenwart

Öffnungszeiten:	montags bis freitags	9.00 – 17.00 Uhr
	samstags	10.00 – 13.00 Uhr
	Mai bis September	
	sonntags	10.00 – 17.00 Uhr
	Oktober bis April	
	sonntags	13.00 – 17.00 Uhr

Auskünfte: Telefon 0 56 73/20 60

St. Georgskirche:
mehr als 70 spätmittelalterliche Wandgemälde

Auskünfte: Stadtverwaltung Immenhausen
Marktplatz 1, 34376 Immenhausen
Telefon 0 56 73/50 30
Telefax 0 56 73/50 31 88
Internet: www.immenhausen.de

Mit dem NVV: Linie R3, Bus 149, 47

Immenhausens Fachwerkrathaus, abgebrannt und aufgebaut

Durch Finsternis zum Licht

Stolz hält die Kugelsburg auch als Ruine noch immer den Gipfel des hoch aufragenden, locker mit Laubbäumen bestandenen „Hagen“ hoch über Volkmarsen besetzt. Erhalten sind der Bergfried, ein Stück des Palas, ein starker quadratischer Turm, Außenmauern und Teile der Vorburg. Die Festung am westlichen Rand des „Naturparks Habichtswald“ ist im Siebenjährigen Krieg (1756 bis 1763) weitgehend zerstört worden. Die verbliebenen Trümmer der ums Jahr 1200 erbauten Anlage aber sind noch heute gute Zeugen vergangener Burgenbaukunst.

Der hier und da etwas mühselige Aufstieg den Burgturm hinauf wird mit einer bestechenden Aussicht belohnt – weit ins hessische Land und drüber hinaus nach Westfalen hinein. Vom Parkplatz auf dem Berg sind’s erst mal 57 Stufen zum Burghof hinauf. Es folgen im Turm 96 weitere Stufen, teils als enge steinerne Wendeltreppe, teils als nicht minder knapp bemessene Eisenstiege. Der Abstieg mag ein wenig Angst machen. Denn dunkel ist’s auch da drinnen, woran sich das Auge aber bald gewöhnt.

Am Fuß des Turms führen 13 stark ausgetretene Steinstufen in einen düsteren, unbeleuchteten, nur über ein paar Lichtschlitze dürftig erhellten Kellerraum. Außerhalb des Burghofs ist im alten Kellergewölbe das Café und Restaurant „Zur Kugelsburg“ eingerichtet. Sein Besuch entschädigt sicher für ausgestandene Nöte im Turmauf- und -abstieg (Öffnungszeiten: täglich ab 11.00 Uhr, mittwochs Ruhetag).

Zu Fuß zur Kugelsburg hinauf

Viele Wege führen von Volkmarsen zur Kugelsburg. Bequem naturgemäß ist die Anfahrt mit dem Auto, die von der „Kasseler Straße“ her den Wegweisern folgt. Schweißtreibend wirkt sich der direkte Fußmarsch aus, der vom Parkplatz an der „Kasseler Straße“ den Berghang hinaufsteigt. Die dritte Möglichkeit wäre eine gut vier Kilometer lange Wanderung auf kleinen Umwegen hinauf zur Burg. Sie geht dem Volkmarsener Wegzeichen *V 2* nach.

Die Wanderung längs *V 2* beginnt an der „Warburger Straße“, auch als „Adjutantenstraße“ gekennzeichnet. Sie passiert das Krankenhaus und biegt nach rund 800 Metern gleich hinter der Bachbrücke mit dem heiligen Nepomuk auf dem Geländer rechts ab. Der Weg führt nun auf Asphalt leicht bergan und richtet sich 400 Meter später nach dem Wegweiser „Kugelsburg“.

Nach weiteren 400 Metern geht’s links Richtung „Steigerhütte“, eine Schutzhütte, die nach gut 1 000 Metern erreicht ist. Schon wenige Meter vor der Hütte weist das gut erkennbare V 2 rechts auf den

Fußpfad im Waldrand hin. Auf diesem Weg nun für 1 300 Meter fast ständig leicht bergan, mal im, mal am Waldrand dahin, bis links am Weg eine Tafel auf die „Blauen Steine“ hinweist.

Rechts führt hier ein Asphaltsträßchen bergab. Ihm folgt *V 2* hinunter und jenseits auf dem Grasweg wieder hinauf. Nach 500 Metern tritt der Weg in den Wald. Nun heißt's aufzupassen und sorgfältig aufs Wanderzeichen zu achten. Es ist vor lauter Bäumen nicht immer sofort zu sehen. Nach weiteren 500 Metern sollte der jenseitige Waldrand gefunden sein.

Der Weg läuft nun erneut ein kurzes Stück bergab, bald als Asphaltweg wieder hinauf und auf der Zufahrtstraße zur Kugelsburg hin. Am Parkplatz dort steht eine große Wanderwegtafel mit den sich hier kreuzenden *Hessenwegen 2* und *6*. Sie laufen in nordsüdlicher Richtung von der hessisch-westfälischen Landesgrenze hinunter zum Necker bei Hirschhorn und in westöstlicher Richtung von Willingen nach Reinhardshagen an der Weser.

i

Volkmarsen
Stadtteile:
Ehringen, Herbsen, Hörle, Külte, Lütersheim, Volkmarsen
Daten:
7 100 Einwohner, 190 – 400 m über dem Meer

Burgschwimmbad:	Kasseler Straße, 34471 Volkmarsen unterhalb der Krukenburg	
Öffnungszeiten:	Ende Mai bis Ende August	
	montags, mittwochs, freitags bis sonntags	9.00 – 20.00 Uhr
	dienstags, donnerstags	9.00 – 21.00 Uhr
Auskünfte:	Telefon 0 56 93/2 94	

Freibad Ehringen:	Niederelsunger Straße, 34471 Volkmarsen	
Öffnungszeiten:	Ende Mai bis Ende August	
	montags	14.00 – 19.00 Uhr
	dienstags	14.00 – 20.00 Uhr
	mittwochs bis freitags	14.00 – 19.00 Uhr
	samstags und sonntags	13.00 – 18.00 Uhr
Auskünfte:	Telefon 0 56 93/65 84	
Mit dem NVV:	Linie R4, Bus 505	

Freizeitanlage „Am Sauerbrunnen“: Volkmarsen, Abenteuerspielplatz mit großer Bergrutsche und Seilbahn, Minigolf, Wassertretbecken, Finnenbahn, Waldlehrpfad, Restaurant und kostenlose Wasserproben aus der Heilquelle Sauerbrunnen

Öffnungszeiten:	1. April bis 30. September	
	täglich	9.00 – 18.00 Uhr
	1. Oktober bis 31. März	
	täglich	10.00 – 17.00 Uhr
Auskünfte:	Telefon 0 56 93/3 52	

Grillplätze: Herbsen, Telefon 0 56 93/10 58
Hörle, Telefon 0 56 93/14 96
Külte, Telefon 0 56 91/35 79
Volkmarsen, Telefon 0 56 93/6 87 36

Auskünfte: Verkehrsamt Stadt Volkmarsen
Steinweg 29, 34471 Volkmarsen
Telefon 0 56 93/6 87 36
e-Mail: stadt@volkmarsen.kgrz-kassel.de
Internet: www.volkmarsen.de

Auf dem Palas der Kugelsburg hoch über Volkmarsen

Ein Hauch von Rokoko

Unweit des Städtchens Calden nördlich Kassel stand einst eine Wasserburg. Amalienthal hieß sie. Von ihr ist nichts geblieben. Hessens Landgraf Willhelm VIII. hat an ihre Stelle ein Jagdschloss bauen lassen – Wilhelmsthal. Sein Vorgänger, der Landgraf Karl, hatte noch nah an seiner Kasseler Residenz gebaut – den Herkules, den Bergpark und die Wasserkünste (siehe Kapitel 16, 17). Wilhelm drängte aus der Stadt hinaus aufs stille Land.

Eine Sommerresidenz wollte er besitzen, wie es unter den Fürsten seiner Zeit üblich war. Der Rokokobaumeister Francois de Cuvilliés, Hofarchitekt in München, entwarf die Pläne. Entstanden ist eine der schönsten Gartenanlagen Deutschlands. Das Schloss selbst, heute ausschließlich Museum, zählt zur Spitze europäischer Rokokobaukunst. Die Einrichtung spiegelt den Wohnstil fürstlicher Familien in der zweiten Hälfte des 18. Jahrhunderts.

Möbel und andere Teile der Ausstattung sind überwiegend im Original erhalten. In der Schlossküche versetzen der riesige Herd und die Maschine zum Wenden der Braten in Verwunderung. Sie zeigen aber auch, wie gut die adligen Herrschaften einst zu tafeln verstanden.

Der weitläufige Park lässt teilweise noch die geometrisch exakten Ordnungen eines Barockgartens erkennen. Überwiegend aber haben sich spätere Eingriffe gehalten. Sie haben aus dem Kunst- einen Landschaftsgarten gemacht. Erst in jüngster Zeit wiederhergestellt worden ist der Kanal, gesäumt von einer langen Reihe pittoresker Figuren, wie sie ein Rokokogarten nun mal brauchte.

Mehrmals täglich werden an diesem Kanal Wasserspiele in Gang gesetzt. Beim nicht so genauen Hinschauen wirkt die stillstehende Wasserfläche wie eine schräge Ebene. Es scheint, als steige der Wasserspiegel zur Grotte am Ende des kurzen Kanals hin ganz leicht an (siehe Kapitel 3).

Im Silberzimmer des Schlosses wird die Schlacht vom 24. Juni 1762, die sich nahe Wilhelmsthal ereignete, in mehreren Dioramen nachgestellt. Tausende von Zinnsoldaten in detailgetreuen Uniformen sind aufmarschiert.

Schloss Wilhelmsthal ist heute ausschließlich Museum.

Am Märchenlandweg liegt auch Caldens Waldschwimmbad

Schloss Wilhelmsthal:

Öffnungszeiten:	März bis Oktober	
	dienstags bis sonntags	10.00 – 16.00 Uhr
	November bis Februar	
	dienstags bis sonntags	10.00 – 15.00 Uhr
	Der Park rund um Schloss Wilhelmsthal ist täglich bis zum Einbruch der Dunkelheit geöffnet und frei zugänglich.	
Auskünfte:	Telefon 0 56 74/6 89 82	
Mit dem NVV:	Buslinie 46, 47 149	

Calden

Stadtteile:
Calden, Ehrsten, Fürstenwald, Meimbressen, Obermeiser, Westuffeln

Daten:
7 900 Einwohner, 200 – 239 m über dem Meer

Partnerstadt:
Ráckeve in Ungarn

Ortswappen:
Das Wappen zeigt im grünen Schild zwei voneinander abgekehrte silberne Zimmermannsäxte, deren Stiele durch eine erniedrigte, fünfblättrige, goldene Kleeblattkrone gesteckt sind. Die Äxte weisen auf Waldreichtum und bodenständiges Wachstum, die goldene Krone deutet auf das landgräfliche hessische Schloss Wilhelmsthal hin.

Waldschwimmbad:	mit Kinderplanschbecken, Wasserrutsche (23 m lang), Breitspeier, Massagedüsen, Unterwasserbeleuchtung, Liegewiesen, Tischtennisplatte, Groß-Schachfeld, Volley-Platz, Gaststätte, Kiosk, Freiterrasse	
Öffnungszeiten:	Mitte Mai bis Anfang September	
	montags bis sonntags	9.30 – 19.00 Uhr
Auskünfte:	Telefon 0 56 74/62 62	
	e-Mail: info@waldschwimmbad-calden.de	
	Internet: www.waldschwimmbad-calden.de	

i

Anfahrt:
Gegenüber dem Schloss Wilhelmsthal beginnt eine doppelte, gut 800 m lange Lindenallee. An ihrem jenseitigen Ende liegt rechts der Parkplatz zum Schwimmbad, links ein weiterer Parkplatz zum Wandern und zur Grillhütte am „Lindenrondell".

Kneippanlage:
in Fürstenwald auf dem Weg zum Postenberg

Grillplätze:
Grillhütte und Freizeitanlage in Fürstenwald
Grillplatz am „Lindenrondell" beim Waldschwimmbad,
Telefon 0 56 74/70 20

Mit dem NVV: Linie R4

Freizeitanlage:
„In der Struth" in Westuffeln

Mit dem NVV: Buslinie 46

Wandern:
im „Tiergarten" vom Parkplatz am „Lindenrondell"

Sternwarte:

Führungen:	im Sommer bei klarem Himmel	
	freitags	ab 21.30 Uhr
	im Winter bei klarem Himmel	ab 20.30 Uhr

Auskünfte:
Gemeindeverwaltung Calden
Holländische Straße 35, 34379 Calden
Telefon 0 56 74/7 02-0
Telefax 0 56 74/7 02-36
e-Mail: gemeinde@calden.de
Internet: www.calden.de

Doktor Eisenbarth kuriert die Leut'

In Oberviechtach im Bayerischen Wald ist er am 27. März 1663 geboren. In Göttingen hat er am 1. September 1727 sein Testament gemacht. In Hannoversch Münden ist er am 11. November desselben Jahres gestorben – der Doktor Eisenbarth. Den einen galt er als meisterhafter Wundarzt, den andern als Kurpfuscher, Scharlatan und Prahlhans. Grad so sagt es ja auch das Spottlied:

Ich bin der Doktor Eisenbarth,
kurier die Leut' nach meiner Art,
kann machen, daß die Blinden geh'n
und daß die Lahmen wieder sehn...

Doch Johann Andreas Eisenbarth war, wie ein nach ihm benannter Arbeitskreis an seinem Geburtsort Oberviechtach in akribischer Forschungsarbeit herausgefunden hat, ein außerordentlich tüchtiger Wundarzt. Anders nämlich hätte er kaum die Ehrentitel und Auszeichnungen erwerben können, von denen sein Grabstein bei der Ägidienkirche in Hannoversch Münden berichtet. Dort erscheint er immerhin als „Königlich Großbritannischer und Churfürstlich Braunschweigischer privilegierter Landarzt wie auch Königlich Preußischer Rat und Hofoculist".

Allerdings entwickelte sich Eisenbarths Laufbahn aus Sicht der Menschen seiner Zeit schon recht ungewöhnlich. Der Vater war Augenarzt, Bruch- und Steinschneider – ein Wundarzt also, kein studierter Mediziner. Nach dem Tod des Vaters kam der zehnjährige Johann Andreas nach Bamberg, wo er beim Schwager Alexander Biller den Beruf des Wundarztes lernte. Vom Herzog Friedrich I. in Altenburg erhielt der erst 20-jährige Eisenbarth die Erlaubnis, als Arzt tätig zu werden. Eine beispiellose Laufbahn begann, die Neider und Spötter auf den Plan rief, wohl weil sie so völlig unzeitgemäß verlief.

In mehr als 100 Orten, so haben die Oberviechtacher Eisenbarth-Freunde herausgefunden, hat ihr „Wunderdoktor" praktiziert. Kundige Zeugen berichteten, er arbeite geschickt und sehr schnell. Allerdings, wie zu jener Zeit nicht anders möglich, ohne jede Narkose. Laute Musik begleitete die Eingriffe. Sie lenkte den Patienten von seinen Schmerzen ab, übertönte wohl auch sein Wehgeschrei. Operiert wurde im Zelt oder am Krankenwagen. Wohlhabende zahlten mehr als Ärmere. Hungerleider und arme Schlucker behandelte der Doktor Eisenbarth umsonst.

Der Wundarzt war ständig auf Reisen, umgab sich mit einem regelrechten Hofstaat. Auf dem Gipfel seines Ruhmes begleiteten ihn 120

Bedienstete, führte er einen ganzen Tross an Fahrzeugen mit. Näherte er sich einem neuen Behandlungsort, ließ er sein Kommen mit Pauken und Trompeten, mit Zeitungsannoncen und Flugblättern frühzeitig ankündigen. Auf dem Marktplatz liefen die Leute zusammen, die einen, um ihn zu sehen, die andern, um sich behandeln zu lassen. Doch ehe der Meister Zange, Bohrer oder Messer ansetzte, vollzog sich ein sehenswertes Schauspiel.

Einen Abglanz Eisenbarthscher Auftritte zeigen alljährlich von Mai bis August die „Doktor-Eisenbarth-Spiele" als Freilichttheater vor dem historischen Rathaus in Hannoversch Münden. Mit dem gleichen Pomp, wie ihn der Wundarzt vor 300 Jahren inszenierte, wird auf der Bühne der städtische Senator auf ganz spezielle Weise behandelt, wird ein blindes Kind vom Grauen Star befreit, wird dem Apotheker der ausgerenkte Arm gerichtet. Das einstündige, unterhaltsame Spektakel lehrt: So könnte es gewesen sein, wenn im Zeitalter des Barock der Doktor Eisenbarth „die Leut' nach seiner Art kurierte".

Eine andere, wissenschaftlich fundierte Version Eisenbarthschen Wirkens bringt seit Juni 2002 jährlich an zwei Wochenenden der Oberviechtacher Arbeitskreis auf die Bühne. In einer Freilichtaufführung am Marktplatz auf den Treppen der Stadtkirche stellt sie über drei Stunden hin den Doktor Eisenbarth, seine Erfolge und sein Leben vor. Grundlage ist eine Dissertation, die jüngst über den Wundarzt verfasst wurde.

Wasser- und Ballspiele im Zentrum Hannoversch Mündens

i

Hannoversch Münden

Stadtteile:
Bonaforth, Bursfelde, Gimte, Glashütte, Hannoversch Münden, Hedemünden, Hemeln, Laubach, Lippoldshausen, Mielenhausen, Oberode, Volkmarshausen, Wiershausen

Daten:
25 600 Einwohner, 12 111 ha Fläche

Partnerstädte:
Hackney/Großbritannien, Holon/Israel, Suresnes/Frankreich, Chelmno/Polen

Stadtwappen:
Es zeigt in rotem Schild eine silberne Burg mit breitbedachtem, blaugedecktem und goldbekröntem Mittelturm zwischen jeweils zwei spitzbedachten, blaugedeckten Seitentürmen; im Torbogen ein roter Schild, darin ein blaubewehrter goldener Löwe; über dem Tor am Mittelturm ein gotisches schwarzes M.

Stadtrundgang:
Die „Touristik Naturpark Münden" hält ein kleines Heft bereit, das in vier Rundgängen durch die Stadt führt. Für Kinder ist das „Stadtspiel" angelegt, das gut anderthalb Stunden lang kreuz und quer durch Hannoversch Münden führt und dabei 25 Fragen stellt.

Ein Faltblatt erzählt die Geschichte des Doktor Eisenbarth und verrät auch schon mal Inhalt und Ablauf des Sommertheaters, das ihm zum Gedächtnis alljährlich vor dem Rathaus aufgeführt wird. Weitere Broschüren gibt's zum Welfenschloss, zur Werrabrücke, zur Tillyschanze.

Stadtführung:
Von Mai bis Oktober beginnt täglich um 14.00 Uhr der „Öffentliche Stadtspaziergang" mit Treffpunkt am Rathaus. Führungen werden zu unterschiedlichen Themen angeboten: durch die Altstadt, durch Rathaus und Schloss, zu den „Wasserspuren". Auch für Kinder gedacht ist der Nachtwächterrundgang durch die dunkelsten Gassen der Stadt mit schaurigen Geschichten aus dem mittelalterlichen Hannoversch Münden und Besuch beim Turmgespenst der Tillyschanze oder die Schatzsuche im Welfenschloss oder die Piratenfahrt auf Fulda, Werra und Weser.

i

Freibad:	Auf dem Rattwerder 34346 Hannoversch Münden Telefon 0 55 41/7 07 41
Hallenbad:	Eichenstraße, im Stadtteil Gimte Telefon 0 55 41/9 12 30

Grillplätze:
„Lausewinkel“ bei Volkmarshausen, Telefon 0 55 41/7 52 86
„Am Staufenberg“ in Wiershausen, Telefon 0 55 02/3 02 20
„Im Mannstal“ in Hedemünden, Telefon 0 55 45/9 10 26
„In den Kuhlen“ in Laubach, Telefon 0 55 41/3 34 55
„Rohrmühle“ in Hemeln, Telefon 0 55 44/2 09

Bootsverleih:	Kanu und Kajak Campingplatz Hannoversch Münden Oberer Tanzwerder Telefon 0 55 41/1 22 57
Wandern:	Markiertes Wanderwegenetz rund um die Stadt im Naturpark Münden. Wanderkarten und Vorschläge zu Rundwanderungen in der „Touristik Naturpark Münden“.
Tierpark:	Wildfreigehege mit Waldgaststätte Rinderstall, freitags Ruhetag Telefon 0 55 41/3 28 35
Glockenspiel:	Mit Figurenumlauf zu den Behandlungsmethoden des Dr. Eisenbarth täglich um 12.00, 15.00 und 17.00 Uhr am Rathaus.

Doktor-Eisenbarth-Statue:
Am Sterbehaus des Mediziners, Lange Straße 79

Sprechstunde:	bei Doktor Eisenbarth Mai bis September samstags 13.30 Uhr in der unteren Rathaushalle

„Wasserspuren“:	Interaktive Wasserspiele und moderne Wasserkunst waren ein dezentrales Projekt der Expo 2000. Eine Broschüre gibt's dazu in der Touristik Naturpark Münden.
Aussichtsturm:	Tilly-Schanze mit schönem Blick über die Stadt
Weserstein:	am Zusammenfluss von Fulda und Werra

Städtisches Museum im Welfenschloss:
Stadtgeschichte, Modelle, Handel und Schiffsverkehr

Öffnungszeiten:	mittwochs bis freitags	10.00 – 12.00 Uhr
	und	14.30 – 17.00 Uhr
	samstags	10.00 – 12.00 Uhr
	und	14.30 – 16.00 Uhr
	sonntags	10.00 – 12.30 Uhr

Museum der Arbeit:
In einem Teil der Stadtbefestigung werden die Arbeitsbedingungen in der frühindustriellen Schrotherstellung gezeigt. Zum Museum gehört ein alter Stadtturm, der eine schöne Sicht über die Altstadt bietet.

Öffnungszeiten:	Juni bis Oktober	
	samstags und sonntags	11.00 – 16.00 Uhr

Auskünfte: Touristik-Information Hannoversch Münden, Rathaus, 34346 Hannoversch Münden
Telefon 0 55 41/7 53 13
Telefax 0 55 41/7 54 04
e-Mail: tourist-info@hann.muenden.de
Internet: www.hann.muenden.de

Mit dem NVV: Linie R1

„Ich bin der Doktor Eisenbarth, kurier die Leut'..."

Wichtelkönigs Leid

Am Ende ging die Sache gut aus. Die Zierenberger Magd war heilfroh, dass sie noch ledig und nicht mit dem Wichtelkönig verheiratet war. Doch bis dahin hatte sie einige Ängste auszustehen.

Die Geschichte, die sich da vor langer Zeit zugetragen haben soll, wird von den Leuten im Städtchen Zierenberg so erzählt: In der Gegend um den Dörnberg, eine mit 579 Metern durchaus markante Erhebung im nördlichen Hessen, lebte einst der Wichtelkönig mit großem Hofstaat und allerlei Gefolge.

Irgendwann verliebte sich der kleine Herr in ein junges Mädchen aus dem benachbarten Zierenberg. Die Jungfrau war einer Verbindung mit dem wohlhabenden Zwergenkönig vom Dörnberg grundsätzlich nicht abgeneigt. Nur solle er zuvor von seinem heidnischen Glauben ablassen und sich zum Christentum bekennen.

Wenn es denn mehr nicht sei, ließ der Wichtelkönig erklären. Es mache ihm nichts aus, die Trauung von einem christlichen Priester in einem Kirchlein vornehmen zu lassen. Die festliche Hochzeit wurde für die Nacht zum 24. Juni verabredet, die Johannisnacht, mit der es seit altersher eine eigene Bewandtnis hat.

Das Wichtelvolk machte sich gleich dran, die Feier gehörig vorzubereiten. Über der Quelle des Heilerbachs, der vom Dörnberg herunterrinnt, wurde ein prunkvolles Traukirchlein errichtet. Als das Brautpaar in der Mittsommernacht die neue Kapelle betrat, leuchtete der Vollmond über der Landschaft. Süße Melodien erklangen von der Kirche her über Wald und Feld.

Die Braut aber beschlich trotz aller veranstalteten Pracht ein ungutes Gefühl. Ihr schien das Geschehen ringsum kalt und seelenlos, so ganz ohne Herzlichkeit und Gefühl. Selbst der Priester machte auf sie einen befremdlichen Eindruck. So brachte sie denn, als sie das Ja-Wort sprechen sollte, mühevoll nur ein Nein heraus.

In diesem Augenblick erschütterte ein gewaltiger Donnerschlag das Kirchlein. Blitze zuckten. Die Kerzenlichter erloschen. Selbst der Vollmond versteckte sich für kurze Zeit hinter einem Wolkenvorhang. An der Stelle aber, an der soeben noch die in leuchtendem Bergkristall strahlende Kirche gestanden hatte, erhob sich nun kalter, nackter Basaltfels.

Die Zierenberger Braut aber wachte am Morgen nah dem Heilerbach auf und stellte, wie die Leute sagen, „erleichtert fest, dass es noch immer ledig war." Der mächtige Basaltkegel, der zuvor die Hochzeitskapelle gewesen war, hatte die Gestalt einer Kirche angenommen. Die Zierenberger nennen sie seit jeher die Wichtelkirche.

Auf 136 Wendeltreppenstufen den Bärenbergturm hinauf

i

Zierenberg

Stadtteile:

Burghasungen, Escheberg, Hohenborn, Oberelsungen, Oelshausen, Laar, Zierenberg

Daten:

7 300 Einwohner, 208 – 601 m über dem Meer

Stadtwappen:

Das Wappen zeigt eine nach hinten blickende, rotzüngelnde, auf einem Hügel stehende, silbernfarbige Hirschkuh.

Freibad:	in Zierenberg
Auskünfte:	Telefon 0 56 06/51 91 25

Grillplätze:
zwei Grillhütten auf dem Dörnberg
je eine Grillhütte in Oelshausen und Oberelsungen

Auskünfte:	Telefon 0 56 06/51 91 25	

Minigolf:	am Campingplatz	
Öffnungszeiten:	täglich	ab 15.00 Uhr
Auskünfte:	Telefon 0 56 06/39 66	

Wandern:
Kulturhistorischer Lehrpfad in Zierenberg, Alpen- und Jägerpfad am Dörnberg, Forstlehrpfad am Schreckenberg

Aussichtstürme:
auf dem Bärenberg und dem Schreckenberg

Marktplatz:
Hessens ältestes noch erhaltenes Fachwerkrathaus aus dem Jahr 1450

Stadtpfarrkirche:
Mächtiger Kirchturm mit einer Mauerstärke von drei Metern, bedeutende mittelalterliche Wandmalereien in der ums Jahr 1300 errichteten Hallenkirche

Naturdenkmale:
Helfensteine auf dem Dörnberg, 40 m hohe Basaltklippen
Wichtelkirche auf dem Dörnberg, 30 m hoher Basaltkegel
Blaue Steine am Schreckenberg, Basaltgeröll

Auskünfte:	Tourist-Information Poststraße 20, 34289 Zierenberg Telefon 0 56 06/51 91 25 Telefax 0 56 05/51 91 51 e-Mail: buergerbuero@stadt-zierenberg.de Internet: www.tourist-info-zierenberg.de
Mit dem NVV:	Linie R4

Brüder Grimm als Fremdenführer

In weit ausholenden Schwüngen zieht die „Deutsche Märchenstraße" von Hanau drunten am Main über die Lahnstadt Marburg, über Kassel und Göttingen hinauf an die Weser nach Bremen. Gute 600 Kilometer misst die Touristikroute, die 1975 im Rathaus des Spessartstädtchens Steinau an der Straße ans Licht der Öffentlichkeit gerückt wurde.

Rund um Kassel, im „Märchenland der Brüder Grimm", hat die Route ihre vielfältigsten Verzweigungen und ihre größte Dichte. Vom Knüllwald her schwingt sie über Fritzlar, Niedenstein und Schauenburg nach Kassel hinüber. Östlich der Fuldastadt durchzieht sie den Kaufunger Wald, fährt am Meißner entlang und überquert bei Witzenhausen die Werra.

Nördlich Kassel schließlich, wo in Hannoversch Münden der Doktor Eisenbarth (siehe Kapitel 9) gehegt wird, nicht weit entfernt die Sababurg (siehe Kapitel 4) sich im Wald versteckt und nahe Bad Karlshafen (siehe Kapitel 1) die Krukenburg (siehe Kapitel 2) Geheimnisvolles hütet, dort läuft die Märchenstraße sogar zweispurig durchs Land, westlich und östlich der Weser. So dicht gesät sind dort die Märchenorte.

Nicht jede Stadt, nicht jedes Dorf längs der Märchenstraße ist Originalschauplatz der ihnen zugeschriebenen Erzählungen. Mancher Ort aber kann immerhin mit einigem Recht für sich in Anspruch nehmen, ein bestimmtes Märchen sei an ihm entstanden – oder hätte zumindest dort seinen Ursprung haben können. Andere verweisen darauf, dass in ihnen die Märchenerzähler gelebt haben.

Die Märchen sammelnden Brüder Jacob und Wilhelm Grimm wurden in Hanau geboren, sind in Steinau an der Straße und in Kassel aufgewachsen, haben in Marburg studiert. Die Stadt Kassel (siehe Kapitel 16 bis 19), in der die Brüder an der kurfürstlichen Bibliothek gearbeitet haben, hat ihnen ein Museum eingerichtet und ein Denkmal gesetzt.

In Schauenburg (siehe Kapitel 15) waren Johann Friedrich Krause und Marie von Dalwigk, geborene Hassenpflug, zu Haus. Sie haben den Brüdern Grimm manches Märchen erzählt. Die „Schauenburger Märchenwache" erinnert an sie. In Rengershausen schließlich, heute Stadtteil von Baunatal (siehe Kapitel 27), kam Katharina Dorothea Viehmann, geborene Pierson, zur Welt. Ihr verdanken die Brüder ebenfalls eine ganze Reihe von Erzählungen. In der Brauereigaststätte „Knallhütte", ihrem Geburtsort, wird die Erinnerung wach gehalten.

Auskünfte: Deutsche Märchenstraße, Geschäftsstelle
Obere Königstraße 15, 34117 Kassel
Telefon 05 61/70 77-07
Telefax 05 61/70 77-2 00
e-Mail: ksg@kassel.de
Internet: www.deutsche-maerchenstrasse.de

Die Brüder Grimm auf dem Denkmalsockel in Kassel

Vier Nackedeis im Weizenfeld

Kaum jemand findet heutzutage was dabei, wenn sich Leute splitterfasernackt sommertags am Badestrand vergnügen oder wohl auch an einem der vielen übers Land verstreuten Baggerseen.

Wie sich mit den Zeiten Sitten, Gewohnheiten, Bräuche doch ändern. Eine kleine Geschichte zeigt's, die sich vor mehr als drei Jahrhunderten in Niedervellmar zugetragen hat. Dort hatten im Jahr 1689 mehrere Einwohner den Ortsvorsteher Johannes Gosmann vor Gericht verklagt. Der hatte behauptet, in der Walpurgisnacht, der letzten Aprilnacht also, in der laut Goethe im Harz die Hexen auf den Blocksberg reiten, seien in seinem Weizenfeld mehrere Frauen total nackt umhergetollt.

Gosmann hatte wohl genau hingesehen, denn er wusste auch, wer die Frauen waren. Nämlich Georg Rörichs Frau und Bernhard Ulemans Tochter Miriam, außerdem die Magd Anna Marthe und Valten Carlens Tochter Margaretha. Nackend seien die vier im Weizen umeinander gesprungen, hätten sich mit Tau gewaschen und am Boden gewälzt. Gosmann hatte sogar eigens einen Zeugen aufgeboten, der seine Angaben bestätigen sollte.

Doch den plagte das schlechte Gewissen. Er war bestochen. So sagte er vor Gericht die Wahrheit und die Sache ging gegen den Bürgermeister aus. Hinter der üblen Nachrede steckte ohne Zweifel Gosmanns Versuch, die jungen Frauen als Hexen aburteilen zu lassen. Wäre ihm das gelungen, hätte er sicher einen Vorteil daraus gehabt. Hexen wurden in jener Zeit für gewöhnlich auf dem Scheiterhaufen hingerichtet. Wie die Stadt Vellmar mitteilt, liegt die Akte zu dieser kleinen Kriminalgeschichte im Hessischen Staatsarchiv Marburg.

i

Vellmar

Stadtteile:
Frommershausen, Niedervellmar, Obervellmar und Vellmar-West

Daten:
19 400 Einwohner, 164 – 361 m über dem Meer

Städtepartnerschaften:
Zell am See in Österreich, Bewdley in Großbritannien, St. Martin in Ungarn

Stadtwappen:
Das von Rot und Weiß quadrierte Schild ist belegt mit einem rot-weißen Ring in verwechselten Farben. Erklärung: ein Schild in den Farben Rot/Weiß mit vier Teilen, welche die vier Stadtteile symbolisieren, und einem Ring, der sie miteinander verbindet.

Stadtrundgang:
Einen kleinen Führer „Wanderwege der Stadt Vellmar" gibt's beim Magistrat der Stadt. Enthalten sind 5 Wandervorschläge durch und um alle 4 Stadtteile über Entfernungen zwischen 6 und 10 km. Außerdem ist ein Faltblatt vorrätig, das über den Vellmarer Anteil am Märchenlandweg geleitet.

Freibad:	Heckershäuser Straße, Obervellmar, mit 50-Meter-Schwimmbecken, Lehrschwimmbecken, Wasserrutsche, Wasserpilz und Planschbecken, Kiosk
Auskünfte:	Telefon 05 61/8 20 06 48
Hallenbad:	Brüder-Grimm-Straße 11, Vellmar, mit 25-Meter-Schwimmbecken, Lehrschwimmbecken, Planschbecken, Kinderrutsche, Solarien, Sonnendusche, Sauna, Medizinal-Kurbad
Auskünfte:	Telefon 05 61/8 20 06 56 Montags ist immer von 15.00 bis 17.00 Uhr Spielnachmittag für Kinder: Dann können saubere Luftmatratzen, Autoschläuche, Flossen und anderes mitgebracht werden.

Grillplätze:
Freizeitanlage an der Brückenstraße in Obervellmar mit Grillstelle und Toiletten, Telefon 05 61/8 29 21 59
Grillhütte in Frommershausen, Telefon 05 61/8 29 21 59
Freizeitanlage Ahnepark, Vellmar-Stadtzentrum, gut 90 000 m^2 Erholungsfläche mit vier unterschiedlich großen Seen, vielen alten Bäumen, einer Basketballfläche, einem Tennis- und Volleyballfeld, zwei Tischtennisplatten, einem Restaurant mit Café. Der Park hat sieben Zugänge unter anderem von der „Holländischen Straße" her und vom Parkplatz des Vellmarer Festplatzes an der „Brüder-Grimm-Straße". An rund 20 Tagen zwischen Ostern und Anfang Oktober rollt die Ahneparkbahn der Spurweite 12,7 cm durch den Park. Im Winter sind die Seen gut fürs Schlittschuhlaufen.

Skulpturen:
In allen Stadtteilen stehen beachtenswerte Skulpturen. Einige haben örtliche Bezüge wie das Ortsdienerdenkmal in Obervellmar

i

oder die bronzene Schwester Selma samt Fahrrad in Niedervellmar. Vor allem die Freizeitanlage Ahnepark quillt nahezu über von teils munteren, teils rätselhaften bis mysteriösen Figuren. Sie sind überwiegend aus zwei Bildhauersymposien hervorgegangen.

Auskünfte: Magistrat der Stadt Vellmar
Rathausplatz 1, 34246 Vellmar
Telefon 05 61/8 29 20
Internet: www.vellmar.de

Mit dem NVV: Linie R3 + R4, Bus 41, 44, 45

Enten und andere Wasservögel füttern im Ahnepark

Hoch über den Segelfliegern

Der 579 Meter hohe „Dörnberg" nordwestlich Kassel bildet einen markanten Gipfel aus. Von Zierenberg her führt eine schmale aber gut befahrbare Straße hinauf, die an einem Parkplatz beim Jugendhof endet. Von dort sind die „Wichtelkirche" und die „Helfensteine" (siehe Kapitel 10) leicht zu erwandern. Ein Segelflugplatz liegt ebenfalls auf der Höhe. Anstrengender als die Autofahrt ist eine Wanderung den Dörnberg hinauf, aber auch vielseitiger.

Sie beginnt im Dorf Dörnberg, Ortsteil von Habichtswald. Oben angelangt genießt der Ausflügler einen einzigartigen Ausblick übers nordhessische Land, wie er ihm vom Parkplatz am Jugendhof her nicht geboten wird. Und vor allem dies – er steht hoch über dem Flugplatz und den Helfensteinen und schaut von oben auf die startenden und landenden Segelflugzeuge hinab.

An der Kreuzung des „Schulweg" mit der Straße „Vor dem Berg" im Ort Dörnberg steht ein *Wanderwegweiser*. Er gibt die Entfernung zum Hohen Dörnberg mit zwei, die zu den Helfensteinen mit drei Kilometern an. Außerdem verweist er auf zwei örtliche Rundwege. Der „Schulweg" führt bergauf zum Wanderparkplatz an der Dörnberger Mehrzweckhalle.

Von dort folgt die Wanderung bergan dem *Wegzeichen eines unten offenen, spitzen Winkels*. Er ist gelegentlich mit einem Ausrufezeichen versehen. Das bedeutet, hier heißt's aufzupassen und sich sorgfältig nach der Fortsetzung des Wegs umzuschauen. Häufig ist dem Winkel ein Pfeil angemalt, der exakt die weitere Richtung vorgibt.

Nach gut einer halben Stunde kann der Gipfel erreicht sein, immer am Hang und in Kehren im Wald hinauf. Oben endet der Baumbestand. Im Naturschutzgebiet auf dem Basaltkegel des Dörnberg wächst vielfältige Trockenrasenflora. Ein Pfad führt hinüber zur jenseitigen Bergkante. Der Blick fällt zum Flugplatz hinunter.

i

Habichtswald

Ortsteile:
Dörnberg, Ehlen

Daten:
5 400 Einwohner, 330 – 400 m über dem Meer

Partnerstädte:
Solt in Ungarn

Ortswappen:
Das Wappen der Gemeinde Habichtswald zeigt im goldenen Schild über einem tannengeschnittenen, grünen Schildfuß das schwarze Flugbild eines Habichts.

Beheiztes Freibad: in Ehlen, Hasenbreite

Öffnungszeiten: Mai bis September
täglich 7.00 – 19.00 Uhr

Auskünfte: Telefon 0 56 06/90 35

Naturseen:
Silbersee in Dörnberg, am Wanderweg D 4
Höllchensee in Dörnberg am Wanderweg D 3
Kneipp-Anlage, Horstweg in Dörnberg

Grillplätze:
Lindenbeutel und Silbersee in Dörnberg
Erleweg unterhalb des Freibads in Ehlen
Anmeldung unter Telefon 0 56 06/59 96 20

Wandern:
Rund 40 km markierte Rundwanderwege in den Ortsteilen und der Umgebung

Auskünfte: Verkehrsamt der Gemeinde Habichtswald
Wolfhager Straße 42, 34317 Habichtswald
Telefon 0 56 06/59 96 20
Telefax 0 56 06/59 96 40
e-Mail: info@habichtswald.de
Internet: www.habichtswald.de

Mit dem NVV: Buslinie 42, 43

Luftig und hoch bei den Segelfliegern am Dörnberg

Umzug der Wichtel

Frühling in und um Witzenhausen – das ist ein Ozean von großen weißen Wattebäuschen. Mehr als 150 000 Kirschbäume stehen in Tälern, an Hängen und auf Höhen in voller Blüte. Einen wunderbaren Kontrast bildet dazu das wogende Grün der umliegenden Wälder, gesprenkelt dazu die Wiesen mit dem gelben Löwenzahn. Dies ist die Zeit, da auch die „Witzenhauser Kirschenkönigin" anzutreffen ist – mit größerer Sicherheit jedenfalls als die „Ermschwerdter Wichtel".

Die lebten vor Zeiten im „Burgberg" unterhalb Witzenhausen. Eines guten Tags beschlossen sie, ihre lang bewohnte Grotte zu verlassen und sich in einem der Berge jenseits der Werra neu anzusiedeln. Deshalb machte sich eines Abends ein Bote der Wichtel auf den Weg zum Werrafährmann. Der sollte die ganze Schar des Nachts übersetzen.

„Halte deinen Kahn bereit", trug ihm der Wichtel auf, „du sollst uns über den Fluss bringen und dafür guten Lohn erhalten". Der Fährmann ließ sich nicht lang bitten und war um Mitternacht zur Stelle. „Halte das Schiff recht fest", bat ihn der Bote, „wir steigen jetzt ein". Da regte und bewegte es sich vom Burgberg herunter. Es war ein Rauschen und Flüstern in der Luft, ein Trappeln und Trippeln und Drängeln im Boot, dass der Kahn tief ins Wasser sank.

Doch der Fährmann sah niemanden außer dem ihm schon bekannten Boten. „Ei", rief er, „was führe ich für wunderbare Passagiere!" Darauf beschrieb das Männlein mit Daumen und Zeigefinger einen Kreis und ließ den Schiffsmann hindurchsehen. Der aber staunte, wie er doch nun sein Schiff gedrängt voll winziger Leutchen sah, schwer beladen mit Gepäck, zum Teil auf kleinen Ziegen reitend.

Am andern Ufer trippelten sie geschwind davon. Dem Fährmann, der seinen Hut aufhielt, warf jeder zum Dank etwas hinein. Das Schiff fuhr zurück. Der Hut war schwer geworden. Doch als der Schiffsmann hineinsah, entdeckte er nur lauter Kieselsteine. Enttäuscht schüttete er sie ins Wasser der Werra. Daheim erzählte er von dem seltsamen Spuk und schaute dabei noch mal in den Hut. Da lagen immer noch zwei Steinchen drin, und die waren aus reinem Gold. Der Fährmann rannte zum Ufer zurück. Doch er fand, wo er die andern Steine ausgeschüttet hatte, keinen einzigen mehr.

Tobias aus Alfeld nicht allein auf Burg Ludwigstein

Witzenhausen

Stadtteile:

Albshausen, Berlepsch-Ellerode-Hübenthal, Blickershausen, Dohrenbach, Ellingerode, Ermschwerd, Gertenbach, Hubenrode, Hundelshausen, Kleinalmerode, Neuseesen, Roßbach, Unterrieden, Wendershausen, Werleshausen, Witzenhausen, Ziegenhagen

Daten:
18 000 Einwohner, 138 m über dem Meer
Partnerstädte:
Filton in Großbritannien, St. Vallier in Frankreich und Vignola in Italien
Stadtwappen:
In blauem Feld eine gezinnte silberne Stadtmauer mit großem gezinnten Tor und zwei kleineren Seitenpforten, dahinter ein gezinnter Mittelturm und zwei schmalere Seitentürme mit roten Kuppeldächern; im Tor unter dem gehobenen goldenen Fallgitter das goldene Gemerke W.

Stadtrundgang:
In der Witzenhauser Altstadt sind mehr als 170 Fachwerkhäuser versammelt. Sie repräsentieren Baustile aus Gotik, Renaissance und Barock. Eine anderthalbstündige Stadtführung stellt zumindest einen Teil der Bauten vor, erklärt natürlich auch die Geschichte der Stadt.

Der Stadtrundgang lässt sich auch leicht auf eigene Faust unternehmen. Dazu hilft eine Broschüre, die in der Tourist-Information bereit gehalten wird. Sie enthält die ausführliche Wegbeschreibung und auch einen Plan der Innenstadt. Die Runde beginnt und endet am Marktplatz mit dem Rathaus von 1819.

Auch der Werratalverein Witzenhausen hat einen Stadtrundgang entwickelt. Der muss sich zwar an die örtlichen Gegebenheiten halten und gleicht daher gelegentlich dem Vorschlag aus der Tourist-Information. Dennoch gelingt es den Verfassern Karl-Ludwig Dierksen und Wolfgang Hellmund, hier und da andere Schwerpunkte zu setzen.

Mineralwasser-Hallenbad:
Am Sande 10, Witzenhausen mit Solarium

Auskünfte: Telefon0 55 42/50 88 31

Mineralwasser-Freibad:
Am Sande 10, Witzenhausen
mit 10-m-Sprungturm, Nichtschwimmerbecken mit Rutsche, Planschbecken, Liegewiesen, Imbiss, Restaurant

Auskünfte: Telefon 0 55 42/50 88 31

Kletterhalle: in Witzenhausen
Wandhöhe 12,50 m, Family-Fitness

Auskünfte: Telefon 0 55 42/91 07 00

Familien-Erlebnispark:
Im Stadtteil Ziegenhagen kommt vieles zusammen. Museen mit Oldtimern, Eisenkunstguss und Volkskunde. Rund 30 verschiedene Spiel- und Fahrattraktionen; ein Streichelzoo mit Meerschweinchen, Meerkatzen, Pfauen, Ponys, Ziegen und mehr; das Geisterreich besteht aus dem Gruselkeller, der Geisterhöhle und dem Gespensterschloss; Frau Holle ist da und ein Dornröschen-Schloss.

Fast überall kommen auch Rollstuhlfahrer hin; folgsame Hunde dürfen mitgebracht werden.

Öffnungszeiten: April bis September
täglich 10.00 – 17.00 Uhr
Mai bis August
täglich 9.00 – 18.00 Uhr

Auskünfte: Familien-Erlebnispark Ziegenhagen
37217 Witzenhausen-Ziegenhagen
Telefon 0 55 45/2 46
Telefax 0 55 45/63 72
Internet: www.erlebnispark-ziegenhagen.de

Freizeitanlagen:
Dohrenbach:
am Haus des Gastes mit Spiel- und Bolzplatz, Kinderplanschbecken, Freiluftspiel, Tischtennis, Tennis, Federball

Ziegenhagen:
im Kurgarten am Haus des Gastes mit Teich, Tischtennis, Kinderspielplatz

Grillplätze:
Blickershausen, Am Langenplatz
Kleinalmerode, Waldspielplatz Rippelsberg
Wendershausen, Altes Gericht und Öhrchen
Ellingerode, Hesselberg
Hundelshausen, Vor dem Langenberg, mit Wassertretstelle
Unterrieden, Am Dorfberg beim Sportplatz

Auskünfte:	Telefon 0 55 42/60 01-0

Bootsverleih:	Campingplatz Werratal Am Sande 11 im Stadtteil Witzenhausen Telefon 0 55 42/14 65 täglich 13.00 bis 15.00 Uhr geschlossen

Minigolf:	im Stadtteil Witzenhausen, Johannisbergpark

Museum für Völkerkunde: Steinstraße 19

Öffnungszeiten:	mittwochs, freitags und sonntags	15.00 – 17.00 Uhr
Auskünfte:	Telefon 0 55 42/6 07 21	

Tropengewächshaus: Steinstraße 19
Gezeigt werden Feldkulturen, dazu ein Kaffeehaus, ein Kakaohaus, ein Palmenhaus, die Orangerie.

Öffnungszeiten:	mittwochs und freitags	14.00 – 16.00 Uhr
	Mai bis September	
	sonn- und feiertags	16.00 – 17.00 Uhr
	Oktober bis April	15.00 – 16.00 Uhr
Führungen:	samstags	14.00 – 15.00 Uhr
Auskünfte:	Telefon 0 55 42/98 12 31	

Auskünfte:	Tourist-Information Ermschwerder Straße 2 37213 Witzenhausen Telefon 0 55 42/60 01-0 Telefax 0 55 42/60 01-23 e-Mail: info@kirschenland.de Internet: www.kirschenland.de
Mit dem NVV:	Linien R1, Bus 206, 207, 213

Ein Picknick im Grünen zu Zeiten der Kirschblüte

Frau Holle liest im Märchenkeller

In weiten Kurven und Kehren schlingt sich der „Märchenlandweg" über Berg und Tal rund um Nordhessens Metropole Kassel. Im äußersten Westen trifft er auch aufs alte Fachwerkstädtchen Wolfhagen. Leicht verständlich, dass die Wegeplaner dort das Märchen vom „Wolf und den sieben Geißlein" spielen lassen.

Am Alten Rathaus und grad vor ihm am neuen Stadtbrunnen zeigt das Stadtwappen den Wolf, wie er durch den Wald, den Hag, streicht. Und Wolfhagens „Märchentante Helge Keim" liest die finstere Geschichte vor, die dann mit dem Tod des Isegrim für die Geißlein doch noch gut ausgeht.

Nicht allein vom bösen Wolf wird in „Grimms Märchenkeller" tief drunten in den Gewölben des Alten Rathauses erzählt. Helge Keim, die von sich selbst sagt, sie sei eine gemütliche Dame, wirft sich ins Kostüm der Frau Holle und fängt an zu lesen – vom Rotkäppchen und vom Schneewittchen, von den Sterntalern und vom Froschkönig. Und sie führt auf geheimnisvollen Spuren durchs alte Fachwerkstädtchen Wolfhagen, erzählt dabei manche Geschichte, die in den Altstadtgassen ihren Ursprung hat.

Stadtbummel

Alle, die das Städtchen in einer knappen Stunde durchstreifen möchten und ohne die Märchentante als Führerin zurechtkommen müssen, führt ein kurzer Stadtbummel in die Vergangenheit Wolfhagens. Er beginnt an der gotischen *Pfarrkirche Sankt Anna*. Ihr 55 Meter hoher Turm überragt weithin sichtbar die ganze Stadt.

Wie farbenfroh Kirchen einst bemalt waren, deutet das südliche Seitenportal an. Es wurde nach alten Farbresten neu ausgemalt. Der Spaziergang biegt um die Südwestecke der Kirche und führt zum Westeingang. Im Gotteshaus liegt eine kurze Beschreibung der um 1230 errichteten Kirche aus.

Nebenan senkt sich Wolfhagens Marktplatz mit einigem Gefälle zum Alten Rathaus hinab. Gleich linker Hand, der Fachwerkbau mit dem Café darin, war einst die Wache, in der die Stadtsoldaten untergebracht waren. Einer der Brüder Grimm, der Maler und Kupferstecher Ludwig Emil, war für kurze Zeit Soldat in Wolfhagen.

Der Stadtbrunnen schräg vor der Wache ist recht neu, erst 1999 angelegt. Auf seiner Nordseite trägt er auf einer Bronzetafel das Stadtwappen mit dem Wolf. Gegenüber steht der mächtige Bau des Alten Rathauses, heute Hotel und Restaurant, seit 1967 Bürgermeister und Verwaltung ausgezogen sind in den Neubau an der „Burgstraße".

Wolfhagens Wappentier – noch ohne die sieben Geißlein

Es lohnt, das *Alte Rathaus* genau anzusehen. Nicht nur wegen des Stadtwappens an der Wand mit dem Wolf drauf. Die Wolfhagener weisen zu recht mit einigem Stolz auf die geschnitzten und weiß gefassten Margeritenblüten an den Balkenköpfen des Fachwerks hin. Sie sind das Hauszeichen der Zimmerleute. Die Frage ist nur: Wie viele Margeritenblüten trägt das Rathaus? In Wolfhagens Stadtprospekten werden 222 genannt. Die Bronzetafel am Rathaus kommt auf 224. Und ganz genaues Nachzählen ergibt gar eine dritte Zahl.

Der kleine Stadtrundgang zieht den Marktplatz hinauf, biegt oben rechts in die „Burgstraße" ein und führt bald darauf leicht abwärts zum ehemaligen „Renthof" und zur „Zehntscheuer" am „Uslarplatz". Dort ist das *Regionalmuseum* untergebracht, das die Kulturgeschichte der Gegend rund um Wolfhagen darstellt. Vor den Bauten lagern große Steine, teils mit Wappen verziert aus Wolfhagens Vergangenheit, teils als Beispiele für die Entwicklung der Erdgeschichte.

Mitten drin steht als Bronzestandbild Tileman Elhen von Wolfhagen, der im 14. Jahrhundert Stadtschreiber in Limburg an der Lahn war und eine bedeutende Kulturgeschichte verfasst hat. Rechts führt ein Durchgang in den kleinen Burggarten, der mit ein paar schönen alten Bäumen bewachsen ist, darunter Blutbuchen, Kastanien, Linden, Eiben. Ein Plätzchen zum Ausruhen.

i

Wolfhagen

Stadtteile:
Altenhasungen, Philippinenburg, Philippinenthal, Nothfelden, Gasterfeld, Niederhasungen, Viesebeck, Istha, Ippinghausen, Wenigenhasungen, Bründersen, Leckringhausen

Daten:
13 400 Einwohner

Partnerstädte:
Tergnier in Frankreich, Ohrdruf in Thüringen

Stadtwappen:
Am Stadtbrunnen und am Alten Rathaus streicht der Wolf im „redenden" Wappen durch den Hag, ein Waldstück.

Historische Persönlichkeiten:
Hans Staden bereiste im 16. Jahrhundert zweimal Brasilien und verfasste die erste Beschreibung dieses südamerikanischen Landes; in Wolfhagen lebte er als Pulvermacher und starb hier vermutlich am 30. Juli 1576.
Tilemann Elhen von Wolfhagen lebte von 1350 bis 1420 und tat sich als Stadtschreiber von Limburg an der Lahn hervor. Uli Eulberg schuf seine Bronzeplastik, die am Uslarplatz steht.

Der Maler und Kupferstecher Ludwig Emil Grimm, jüngerer Bruder der Märchensammler Jakob und Wilhelm Grimm, war im Jahr 1814 Soldat in Wolfhagen.

Stadtrundgang:
Ein kleiner, 12 Seiten starker Führer einschließlich Straßenplan lenkt zu 12 Besichtigungsorten innerhalb der Altstadt. Eine 16 Seiten starke Schrift wirft einen Blick in Wolfhagens Vergangenheit, führt eine Zeittafel auf und stellt acht historisch bedeutende Bauten der Stadt und der Umgebung sowie den Brasilienfahrer Hans Staden vor.

Stadtführung: erfragen bei Stadt-Info Wolfhagen

Freizeit- und Erlebnisbad
Sudetenstraße 12, Wolfhagen
mit Großwasserrutsche, Strömungskanal, Wasserpilz, Whirl-Liege, Spielgerät für Kinder

Öffnungszeiten:	Anfang Mai bis Mitte September	
	täglich	10.00 – 20.00 Uhr
	bei gutem Wetter	10.00 – 21.00 Uhr

Auskünfte: Telefon 0 56 92/28 66

Freizeitbad Niederelsungen
Walmweg 2, Wolfhagen-Niederelsungen
1-m-Brett, Kinderbereich, Tischtennisplatte

Öffnungszeiten: wie Erlebnisbad Wolfhagen

Auskünfte: Telefon 0 56 05/81 09

Grillplätze:
„Hinter dem Ofenberg" in Wolfhagen
„Am Hirtenbruch" in Altenhasungen
„Am Lehmloch" in Bründersen
„Gasterfeld" in Gasterfeld
„Jugendbaude" in Ippinghausen
„Am Isthaberg" in Istha
„Waldbühne" in Niederelsungen
„Am Pfingstbruch"

i

„Am Wasserhäuschen" in Viesebeck
in Wenigenhasungen

Auskünfte: Telefon 0 56 92/6 02-46

Radwandern:
Im Stadt-Info-Büro gibt's sechs geheftete DIN A4-Blätter mit einer vom Heimat- und Geschichtsverein erarbeiteten Route „Historischer Radwanderweg rund um Wolfhagen".

Wandern:
Ein 12 Seiten starkes Heft enthält 15 Wandervorschläge, die durch einzelne Stadtteile führen, aber auch hinaus auf die Weidelsburg, auf den Bärenberg bei Zierenberg und an den Twistestausee. Auch ein Waldsportpfad, ein Waldlehrpfad und ein Waldschadenspfad sind dabei.

Regionalmuseum:
Im historischen Renthof und in der ehemaligen Zehntscheune wird die Kulturgeschichte Wolfhagens und seiner Umgebung aufgeblättert von der Vor- und Frühgeschichte über die mittelalterliche Stadt und ihre Burg bis hin in die Neuzeit. Es gibt komplett eingerichtete Räume verschwundener Handwerksberufe.

Auskünfte: Telefon 0 56 92/18 08 und /99 24 31
Telefax 0 56 92/99 24 34
e-Mail: regionalmuseum.wolfhagen@tiscalinet.de

Auskünfte: Stadtverwaltung Wolfhagen
Burgstraße 33 – 35, 34466 Wolfhagen
Telefon 0 56 92/6 02-0
Telefax 0 56 92/6 02-29
e-Mail: magistrat-wolfhagen@t-online.de
Internet: www.wolfhagen.de

Mit dem NVV: Linie R4, Bus 163

Die Märchenquellen der Brüder Grimm

Angefangen hat alles in Schauenburg. Vor bald 200 Jahren schon. Da lebte auf dem Gutshof der Familie von Kiekebusch im heutigen Schauenburger Ortsteil Hoof Marie von Dalwigk, geborene Hassenpflug. Sie kannte – wie Dorothea Viehmann in Baunatal (siehe Kapitel 27) – eine Menge Märchen und Sagen. Die erzählte sie den Brüdern Jakob und Wilhelm Grimm. Darunter Dornröschen, Rotkäppchen, Schneewittchen.

Ebenfalls in Hoof daheim war der im Ruhestand lebende Dragonerwachtmeister Johann Friedrich Krause. Über seinen Sohn, der auf dem Kiekebusch'schen Gut als Forstläufer beschäftigt war, wurden die Märchensammler mit dem Soldaten bekannt. Der erzählte ihnen sechs Märchen und eine ganze Reihe munterer Schwänke, Schnurren und Anekdoten.

Auf diese frühen Märchenerzähler haben sich die Menschen in Schauenburg vor ein paar Jahren besonnen. Im Ortsteil Breitenbach haben sie ihnen im ausgedienten Feuerwehrgerätehaus die *„Schauenburger Märchenwache"* eingerichtet. In einer Art kleinem Museum werden dort Marie von Dalwigk und Wachtmeister Krause vorgestellt. Alte Märchenbücher liegen aus, Holzschnitte, Radierungen, Zeichnungen.

Faszinierendes ist vor der Märchenwache aufgebaut. Auf einer mannshohen Tafel ist die Geschichte von der „Wassernix" aufgeschrieben. Doch die ist gar nicht so leicht zu lesen. Die Buchstaben stehen allesamt Kopf, die Schrift ist zudem noch spiegelverkehrt aufgetragen. Da müsste sich einer beim Lesen des Märchens schön den Kopf verrenken. Doch Hilfe ist ganz nah. Der Leser muss nur einen Blick ins Wasserbecken vor der Tafel tun. Dort wird der ganze Text gespiegelt und damit lesbar gemacht.

Die Märchenwache ist der Mittelpunkt der *„Schauenburger Märchenpfade"*. Die führen durch alle fünf Ortsteile und dort zu mancherlei Sehenswertem. Klar, dass sie das Gut Kiekebusch berühren und das Geburtshaus des Wachtmeisters Krause. Aber auch den Berg hinauf zur Ruine Schauenburg geht's und im Ortsteil Breitenbach zu einem gar nicht mal leicht zu lösenden Bilderrätsel an der Wand des Bauernhofs „Hauptstraße 46".

Hier in Schauenburg an der Märchenwache, auf den Märchenpfaden, bei Marie von Dalwigk und Wachtmeister Krause steht die Wiege des „Märchenlandwegs" (siehe Kapitel „Der Märchenlandweg"), der kreuz und quer durchs „Märchenland der Brüder Grimm" führt. Den Märchen selbst lässt sich ein wirklicher Schauplatz nicht zuteilen, obwohl es der Märchenlandweg etwas schelmenhaft versucht. Märchen sind grundsätzlich ohne festen Wohnsitz.

Altes Bilderrätsel in der „Hauptstraße 46" in Breitenbach

Schauenburg

Stadtteile:

Breitenbach, Elgershausen, Elmshagen, Hoof und Martinhagen

Daten:

11 000 Einwohner, 270 – 615 m über dem Meer

Ortswappen:

Die Gemeinde Schauenburg führt im grünen Schild eine fünfblättrige silberne Blüte, belegt mit einem roten Turm mit fünf Zinnen.

Historische Persönlichkeiten:

Die Grimmschen Märchenbeiträger Marie von Dalwigk, geborene Hassenpflug (1788 bis 1856), und der Dragonerwachtmeister Johann Friedrich Krause (1747 bis 1828) lebten in Breitenbach und in Hoof.

Ortsrundgang:

Die Loseblattsammlung „Schauenburger Märchenpfade" führt durch alle Ortsteile und erklärt ausführlich alles Sehenswerte, geht auch auf die Märchenwache in Breitenbach ein und auf die Märchenerzähler selbst.

Grillplätze:
in Breitenbach, Grillhütte, bis zu 70 Personen
in Elgershausen, Grillhütte, bis zu 70 Personen
in Hoof, Grillhütte, bis zu 50 Personen
in Martinhagen, Grillhäuschen mit Feuerstelle am Martinsweiher, Kinderspielplatz, Liegewiese, Wassertretbecken

Für alle Grillplätze:
Zuvor von der Gemeindeverwaltung beraten lassen unter
Telefon 0 56 01/9 32 51 20

Märchenwache:	Lange Straße 2 in Breitenbach	
Öffnungszeiten:	sonn- und feiertags	15.00 – 18.00 Uhr
	sommertags mit „Märchen-Café“	
Auskünfte:	Telefon 0 56 01/92 56 19	
	Internet: www.maerchenwache.de	

Wandmalerei:
Hauptstraße 46, Breitenbach
Die Lösung des Bilderrätsels lautet: „Ich führ ein treu Herz und acht mich ganz geringe, doch schilt mich Jedermann, leider, Gott wird wohl rechen an. Im Jahre Christi 1737“.

Geburtshaus Johann Friedrich Krause
Friedrichstraße 2, Breitenbach

Ruine Schauenburg:
in Hoof
Ausgangspunkt an der Wandertafel am Parkplatz Gasthof „Himmel“

Auskünfte:	Gemeinde Schauenburg
	Korbacher Straße 300, 34270 Schauenburg
	Telefon 0 56 01/9 32 51 14
	Telefax 0 56 01/9 32 54 00
	e-Mail: info@gemeinde-schauenburg.de
	Internet: www.gemeinde-schauenburg.de
Mit dem NVV:	Buslinie 51, 52, 58

Kunst aus 350 000 Litern Wasser

Die Schlacht ist vorüber. Herkules, Held der griechischen Sagenwelt, hat die Giganten vernichtend geschlagen. Nun blickt er aufs Schlachtfeld hinab, aus 60 Metern Höhe, die rechte Hand hinter der Hüfte, mit dem linken Arm auf die riesige Keule gestützt.

Die neun Meter große Figur ist Kassels weithin sichtbares Wahrzeichen. Sie steht auf einer 30 Meter hohen „Pyramide", die aus dem „Riesenschloss" mit einer Höhe von 28 Metern herauswächst. Das ganze Ensemble hat Landgraf Karl 1718 als bekrönenden Abschluss seines Bergparks aufstellen lassen (siehe Kapitel 17).

Sommertags setzt dreimal wöchentlich zu Füßen des Herkules ein grandioses Wasserschauspiel ein. Im Jahr 1714 hat es erstmals adlige Besucher begeistert. Bis heute haben die „Wasserkünste" nichts von ihrer Faszination eingebüßt. Droben steigt der einsame Wasserstrahl einer Fontäne auf. Bald plätschert's, strömt's und rauscht's über Felsen und Treppen und Stufen mächtig zu Tal.

Vom oberen zum unteren Wassertheater. Dort schießt eine neue Fontäne aus dem steinernen Kopf des von Herkules besiegten Riesen 12 Meter hoch. Zugleich blasen zwei Fabelwesen gewaltig in ihre Kupferhörner, dass es drunten in der Stadt zu hören ist.

Auf der großen Kaskade, 9 Meter breit und 210 Meter lang, wälzen sich 350 000 Liter Wasser zu Tal. Das sammelt sich im Neptunbecken, in das die Massen aus 6 Metern Höhe hinunterstürzen. Die langbärtige Figur des Meeresgottes wird auf ihrem Muschelthron in ein Wasserreich gehüllt.

Es strömt und strömt und strömt unter- wie oberirdisch weiter und weiter durch Röhren, Gräben, Rinnen, rauscht am „Steinhöfer-Wasserfall" in die Tiefe, gischtet unter der „Teufelsbrücke", schüttet sich von der künstlichen Ruine eines Aquädukts, bis endlich der Fontänenteich im Schlosspark erreicht ist.

Eine gute Stunde dauert es. Dann steigt unten im Park vor Schloss Wilhelmshöhe die „Große Fontäne" zu 52 Metern Höhe auf. Mit ihr klingt ein Schauspiel aus, das Landgraf Karl 1701 begründet hat und das – mit zeitlichen Unterbrechungen – seine Nachfolger vollendet haben. Und alles ereignet sich bis heute mit der Technik, wie sie vor 300 Jahren entwickelt wurde. Allein der Druck des Wassers besorgt das ganze große Szenario.

i

Besteigung des Herkules-Monuments:

Öffnungszeiten:	15. März bis 15. November	
	täglich	10.00 – 17.00 Uhr

Wasserkünste:

Öffnungszeiten:	Christi Himmelfahrt bis 3. Oktober mittwochs, sonn- und feiertags	 14.30 – 15.45 Uhr

Anfahrt:

Mit dem Pkw: A 7, Ausfahrt Zierenberg, über Habichtswald Richtung Kassel und Beschilderung „Herkules".

Mit dem NVV: Buslinie 43

Seit fast drei Jahrhunderten Wasserkünste am Herkules

17 Kassel und Schloss Wilhelmshöhe

Märchenstimmung im Park

Generationen hessischer Landgrafen und Kurfürsten haben am „Park Wilhelmshöhe“ gebaut, gepflanzt, sich erfreut. Und Generationen von Reisenden aus aller Welt haben vom Schloss geschwärmt, von den Wasserkünsten, vom zwei Kilometer langen Bergpark, der 288 Meter Höhenunterschied überwindet.

Ein englischer Reiseschriftsteller hielt schon 1759 den Park für „eine der prächtigsten Anlagen in ganz Europa“. Der deutsche Barockdichter Friedrich Gottlieb Klopstock schwärmte 1774 vom „schönen Gedanken, den Landgraf Carl in unseres lieben Herrgotts Schöpfung hineingeworfen hat“. Und der Altmeister deutscher Kunstgeschichte Georg Dehio sieht im Park gar „das Grandioseste, was irgendwo der Barock in Verbindung von Architektur und Landschaft gewagt hat“.

Den Zugang von der Stadt her öffnet „Schloss Wilhelmshöhe“, erbaut von 1786 bis 1798. Die Stahl- und Glaskonstruktion des *„Großen Gewächshauses“* gleich daneben ist von 1822. Zwischen Januar und Mai breitet es seine blühende Pracht an Kamelien und Azaleen, an Orchideen, Palmen, Farnen, Bananen aus.

Märchenhafte Stimmung breitet sich um die *„Löwenburg“* aus. Der neugotische Bau wurde am Ende des 18. Jahrhunderts im Stil mittelalterlicher englischer Burgen angelegt, zum Teil gleich als eine Art Ruine. Der Palast diente den Landgrafen als barockes Lustschloss im Gewand einer Ritterburg.

Weitere Bauten im Park sind der *„Mulang“*, eine Art Chinesisches Dorf, dazu ein Dutzend weiterer Bauwerke wie die *„Halle des Sokrates“*, der *„Jussowtempel“*, die *„Plutogrotte“*, *„Virgils Grab“* oder die *„Pyramide“*, auch als *„Grabmal des Homer“*, des Ovid oder des Cestius bezeichnet. Der Besucher braucht viel Zeit für den Park.

i

Öffnungszeiten: Schloss Wilhelmshöhe siehe Kapitel 18
Besuchszeiten auf dem Herkules siehe Kapitel 16
Park Wilhelmshöhe und der Kaskadenaufstieg sind jederzeit frei zugänglich

Mit dem NVV: Linie Tram 1, Bus 43

Baden und Bilden

Nordhessens Metropole, die 200 000 Einwohner zählende Großstadt Kassel, nennt sich gern auch „Hauptstadt der Deutschen Märchenstraße“. Sicher nicht nur, weil dort die Geschäftsstelle dieser Touristikroute ihren Sitz hat. In Kassel haben die Brüder Jakob und Wilhelm Grimm im frühen 19. Jahrhundert angefangen, ihre „Deutschen Märchen und Sagen“ zu sammeln und aufzuschreiben. Die Hausmärchen der Brüder Grimm sind bis heute das bestbekannte, meistaufgelegte und am häufigsten übersetzte Buch deutscher Sprache. Das Kasseler „Brüder Grimm Museum“ erinnert an die Märchensammler und ihre Arbeit.

„Kassel für Kinder“ könnte als eigenständiges Thema wohl leicht einen eigenen Ausflugsführer füllen. Deshalb stellt die nachfolgende Sammlung nur eine Auswahl dar. Sie beschränkt sich zudem darauf, für Schönwettertage die Kasseler Bäder, für verregnete Zeiten die Museen zu empfehlen.

Freibad Harleshausen
Wolfhager Straße 470

Auskünfte: Telefon 05 61/7 82 24 53

Mit dem NVV: Buslinie 10

Freibad Wilhelmshöhe
Kurhausstraße 31

Auskünfte: Telefon 05 61/7 82 24 55

Mit dem NVV: Buslinie 24

Schwimmstadion am Auedamm
Auedamm 21

Auskünfte: Telefon 05 61/7 82 24 54

Mit dem NVV: Buslinie 16

Stadtbad Mitte
Kurt-Schumacher-Straße 2

Öffnungszeiten:	September bis April	
	montags (Wohlfühltag)	12.00 – 18.00 Uhr
	dienstags	7.00 – 22.00 Uhr
	mittwochs	10.00 – 20.00 Uhr
	donnerstags	7.00 – 22.00 Uhr
	freitags	8.00 – 20.00 Uhr
	samstags und sonntags	9.00 – 18.00 Uhr

Auskünfte: Telefon 05 61/7 82 24 51

Mit dem NVV: Linie Tram 1, 3, 4, 5, 6, 7, 8, 9, Bus 10, 12, 15, 16, 18, 19, 30, 31, 32, 33, 37, 38, 49, 50

Hallenbad Süd
Heinrich-Plett-Straße 81

Öffnungszeiten:	dienstags	13.00 – 19.00 Uhr
	mittwochs	7.00 – 22.00 Uhr
	donnerstags und freitags	13.00 – 19.00 Uhr
	samstags	10.00 – 14.00 Uhr

Auskünfte: Telefon 05 61/7 82 26 41

Mit dem NVV: Buslinie 12

Hallenbad Ost
Leipziger Straße 99

Öffnungszeiten:	mittwochs (Warmbadetag)	7.00 – 20.00 Uhr
	donnerstags (Warmbadetag)	13.00 – 19.30 Uhr
	freitags	13.00 – 18.00 Uhr
	samstags (Wohlfühltag)	10.00 – 16.00 Uhr

Auskünfte: Telefon 05 61/7 82 24 58

Mit dem NVV: Linie Tram 4, 8, Bus 37, 32

Stadtmuseum
Ständeplatz 16
Dauerausstellung zur Geschichte der Stadt Kassel

Öffnungszeiten: dienstags bis sonntags 10.00 – 17.00 Uhr

Auskünfte: Telefon 05 61/7 87 14 00

Mit dem NVV: Linie Tram 7, 9, Bus 12, E 50

Brüder Grimm Museum
Palais Bellevue, Schöne Aussicht 2
Dauerausstellung zum Leben und zur Arbeit der Märchensammler Jakob und Wilhelm Grimm und ihres Bruders, des Malers und Grafikers Ludwig Emil Grimm, mit persönlichen Gegenständen, mit Möbeln der Familie, Handschriften, Bildern und Erstausgaben

Öffnungszeiten:	täglich	10.00 – 17.00 Uhr
Auskünfte:	Telefon 05 61/7 87 20 33	
Mit dem NVV:	Linie Tram 1, 3, 4, 5, 6, 8, Bus 12, E 50	

Schloss Wilhelmshöhe
in der Antikensammlung Dauerausstellung aus dem griechisch-römischen Altertum, in der Gemälde-Galerie Alte Meister, vor allem Arbeiten holländischer und flämischer Barockmaler, in der Graphischen Sammlung Architekturzeichnungen aus dem 17. und 18. Jahrhundert

Öffnungszeiten:	April bis Oktober	
	dienstags bis sonntags	10.00 – 17.00 Uhr
	November bis März	
	dienstags bis sonntags	10.00 – 16.00 Uhr
Mit dem NVV:	Linie Tram 1, Bus 43	

Hessisches Landesmuseum
Brüder-Grimm-Platz 5
Dauerausstellungen zur Vor- und Frühgeschichte, zu Kunsthandwerk und Plastik, zur Volkskunde, im Obergeschoss das Deutsche Tapetenmuseum

Öffnungszeiten:	April bis Oktober	
	dienstags bis sonntags	10.00 – 17.00 Uhr
	November bis März	
	dienstags bis sonntags	10.00 – 16.00 Uhr
Auskünfte:	Telefon 05 61/7 84 60	
Mit dem NVV:	Linie Tram 1, 3, 4, 5, 6, 8, Bus 12, E 50	

Museum für Astronomie und Technikgeschichte
An der Karlsaue 20 c
mit Planetarium, Orangerie

i

Dauerausstellungen zur Fotografiegeschichte, zur Astronomie, zur Zeitmessung, zur Energie- und zur Informationstechnik

Öffnungszeiten:	dienstags bis sonntags	10.00 – 17.00 Uhr
	Planetarium:	
	dienstags, samstags	14.00 Uhr
	mittwochs, freitags, sonntags	15.00 Uhr
	donnerstags	14.00 Uhr
	und	20.00 Uhr

Auskünfte: Telefon 05 61/70 13 20

Mit dem NVV: Buslinie 16

Stadtführungen:
Die Touristinformation hält ein 16-seitiges Heft zu Stadtrundfahrten, Stadtrundgängen, Museumsführungen und Umlandtouren bereit. Das Angebot „Kinder entdecken Kassel“ dauert zwei Stunden und endet, wenn alle gut aufpassen, mit einer kleinen Überraschung.

Auskünfte: Touristinformation im Rathaus
Obere Königstraße 8
Telefon 05 61/7 07 71 01
Telefax 05 61/7 07 72 00
e-Mail: tourist@kassel-tourist.info
Internet: www.kassel.de

Oben wie unten – viel Kunst am Friedrichsplatz

In Karls Aue

Ein überdimensionaler Bilderrahmen rechts neben dem Kasseler Staatstheater zieht vom zentralen „Friedrichsplatz" her Blicke auf sich, macht neugierig. Ein paar Dutzend Treppenstufen führen neben diesem Überbleibsel einer frühen Kunstausstellung in die „Karlsaue" hinunter, mit 125 Hektar eine der bedeutendsten, in Teilen auch ältesten Parkanlagen Europas.

Ausruhen im Grünen vor der Orangerie in der Karlsaue

Schon 1568 hatte der hessische Landgraf Wilhelm IV. sich nach dem Geschmack der Zeit hier unweit der Fulda einen Gartenpark anlegen lassen. In die Grünanlage stellte er die *„Orangerie"*. Das Bauwerk, anderswo auch Pomeranzenhaus genannt, nahm jeweils im Winter Wilhelms Orangenbäume und andere frostempfindliche südländische oder auch exotische Pflanzen auf.

Landgraf Moritz vergrößerte ein paar Jahrzehnte später diesen Park. Landgraf Karl, der hoch über der Stadt den „Herkules" (siehe Kapitel 16) aufrichten ließ, machte im frühen 18. Jahrhundert aus allem einen barocken Landschaftsgarten. Er gab ihm den Namen „Karlsaue", den er bis heute behalten hat. Die Orangerie selbst ließ Karl in ein kleines Schloss umbauen.

Noch heute ist Karls Aue der großzügige Park, zu dem ihn nach und nach die hessischen Landgrafen entwickelt haben. Weite freie Grünflächen, auf denen die Besucher nach Gutdünken lustwandeln, wechseln ab mit ausgedehnten baumbestandenen Wiesen und kleinen Waldstücken. Spazierwege führen kreuz und quer hindurch und an mancherlei Skulptur entlang. Wassergräben und Kanäle durchziehen den Park. Mittendrin liegt ein See mit Insel und Pavillon und am Rand des Parks ein großer Spielplatz.

Die Orangerie ist im Zweiten Weltkrieg total zerstört worden. Entsprechend dem Original wiederaufgebaut wurde nur die Fassade. Im Innern ist das *Museum für Astronomie und Technikgeschichte* eingerichtet, zu dem ein *Planetarium* gehört (siehe Kapitel 18). Von der Terrasse vor der Orangerie, zu der ein Café gehört, genießt der Besucher den wohl schönsten Blick über den Park.

Vielerlei Barockskulpturen säumen seine symmetrisch angelegten Wege, Pfade und Kanäle, ehe die sich in den lichten Waldungen der Aue verlieren und die Symmetrie schließlich aufgeben. Ein kurzer Weg nur ist es von der Karlsaue über die Fulda hinüber in den nächsten Park – die einstige Bundesgartenschau. Auch hier viel Wasser, darunter geschützte Biotope, Spazierwege, Wiesen – und noch ein Spielplatz.

Mit dem NVV: Buslinie 16

Fußbad in einem der vielen Gewässer der Karlsaue

Hoffen auf die Wichtel

Im Kaufunger Wald liegt ein Schatz verborgen. Ein armer Waldarbeiter, erzählen sich die Leute, hat ihn gesehen und etwas von dem Gold und Silber nach Haus gebracht. Doch weil er gleich daheim ausplauderte, woher der plötzliche Reichtum des armen Mannes kam, verschwand alles wieder aus seinen Händen. Die Wichtel nämlich, die im Kaufunger Wald den Schatz hüten, hatten ihn gewarnt: „Erzähle niemandem von deinem Besuch bei uns im Berg, weil es dir schaden wird".

Die Wichtel hatten dem Waldarbeiter noch mehr verraten. Um Mitternacht, wenn die Turmuhr zwölf schlägt, kommt einer von ihnen aus dem Berg, in dem der Schatz ruht. Er pflückt eine Blume, und schon tut sich ein großes Tor auf. Der Wichtel nimmt den Gast mit hinein. Im Berg sind viele weitere Wichtel, die den Besucher freundlich bewirten und anschließend reich beschenkt entlassen.

Angeregt von der Geschichte des Waldarbeiters haben andere versucht, den Schatz zu finden. Keinem ist es bisher gelungen. Es ist aber auch zu schwierig. Denn niemand weiß genau die Stelle im Kaufunger Wald, an dem der Wichtel erscheint. Schlimmer noch – er kommt nur alle zehn Jahre aus seinem Berg hervor. Und keiner kann sagen, wann die Zeit um ist.

Die Losse rauf und runter

Wenn schon nicht zum Schatz im Berg, dann eben auf einem kleinen Rundgang durchs Dorf Niederkaufungen. Er beginnt am *„Naherholungsgebiet Steinertsee"*, führt über raues Kopfsteinpflaster, am Flüsschen Losse längs, über alte Brücken, durch schmale Gassen, an Fachwerkhäusern hin, zur „Gänserammel" – immer auf dem *„Märchenlandweg"* (siehe Kapitel „Der Märchenlandweg").

Vom Parkplatz am Steinertsee geht's zunächst den „Rohrweg" entlang auf die ersten Häuser von Niederkaufungen zu. Rechts liegt der 233 Meter hohe „Hessler", den die Kaufunger ums Jahr 1830 herum mit 2 400 Eichen bepflanzt haben. Der „Rohrweg" geht in den „Steinweg" über. Das Flüsschen Losse kommt den Wanderern entgegen. Es ist durchaus nicht immer ein friedliches Wasser. Innerhalb weniger Minuten kann es sich bei Unwettern in einen reißenden Strom verwandeln. Am Feuerwehrhaus, das später passiert wird, sind Hochwassermarken aus den Jahren 1871, 1890, 1969 und 1981 zu sehen.

Die Häuser Nummer 23, 11 und 9 sind die ältesten am „Steinweg". An Haus Nummer 1 biegt die Wanderung rechts ein in die „Bergstraße" und gleich vor dem großen Fachwerkhaus auf hohen Steinmauern links in die schmale Gasse zum „Kirchplatz". Die

Kirche trägt die Jahreszahl 1615. Damals ist sie erweitert worden. Das eigentliche Baujahr ist nicht bekannt, wird irgendwo im 14. oder 15. Jahrhundert vermutet.

Vor der Kirche steht ein selten schöner Grabstein für den 1647 geborenen und 1722 gestorbenen Ortsvorsteher Johannes Werner. Im oberen Teil des Steins ist die ganze Familie des Verstorbenen dargestellt. Der Ortsvorsteher groß und stattlich in der Mitte, rechts von ihm seine Frau Elisawetha, geborene Kersten, mit den Töchtern Magdalena, Gertrud und Elisabeth. Links sind die Söhne Ludwig, Andreas, Johannes und Mattias in Stein gehauen.

Zugebissen an der „Gänserammel" in Niederkaufungen

Die Inschrift ist kaum mehr lesbar. In ihr wird jedenfalls mitgeteilt, dass die Werners 49 Jahre lang verheiratet waren und 12 Kinder hatten. Fünf, nämlich Hans-Jost, Christmann, Jost, Martha und Katharina, sind früh gestorben. Die kleineren Gestalten mit den Kreuzen auf der Brust erinnern an sie.

Vom Kirchplatz geht's auf der „Lindenbrücke" über die Losse und durch die „Mittelstraße" rechts zur „Gänserammel". Hier tummelten sich einst Enten und Gänse aus den umliegenden Bauernhöfen. Ein wenig hält die Erinnerung daran die Tafel mit dem „Märchen vom Fuchs und den Gänsen" wach, die zum Märchenlandweg gehört. Die „Mittelstraße" endet an der „Windhäuser Straße".

Nun links über die Brücke. Hier in der Hausnummer 11 war einst das Niederkaufunger Schulhaus. Gegenüber stand die Ölmühle. An der nächsten Straßenecke geht's links weiter durch die „Wilhelmstraße". Der „Kirchweg" mit seinem alten Straßenpflaster, das bis weit ins 19. Jahrhundert zurückreicht, bleibt links zurück. Die Straße „Am Haselbach" wird überquert, und gleich darauf ist das Feuerwehrhaus erreicht mit den Hochwassermarken.

An der folgenden Straßenkreuzung führt der Spaziergang links in die „Raiffeisenstraße", bald rechts wieder in die schon bekannte „Mittelstraße" und gleich darauf durch die „Mühlenstraße" zurück zur Losse. An der Brücke steht noch heute der fast 500 Jahre Bau der früheren Mahlmühle. Links liegt ein alter Bauerngarten. Jenseits der Losse geht's rechts im „Steinweg" zurück zum Ausgangspunkt der Wanderung.

Kaufungen

Ortsteile:
Niederkaufungen, Oberkaufungen, Papierfabrik

Daten:
13 000 Einwohner, 203 m über dem Meer

Stadtwappen:
Es zeigt im blauen Schild über grünem Schildfuß eine romanische, silberne Arkadengruppe mit drei Säulen über einer Brüstung.

Erholungs- und Freizeitpark Steinertsee:
Von dem 30 ha großen Park sind knapp 5 ha Wasserfläche. Der Steinertsee selbst, ein künstlich angelegtes Gewässer, ist Schutzgebiet. Hecken, Bruchwald, Buschgruppen, Schilfgürtel, dazu die angrenzenden Feuchtgebiete und das Flüsschen Losse haben einen hochwertigen Lebensraum für Tiere und Pflanzen entstehen lassen. Gezählt wurden bereits 122 Vogelarten, unter ihnen viele, die vor Anlage des Parks in Kaufungen nicht vorkamen.

Durch den Park ziehen sich Spazier- und Wanderwege mit einer Länge von insgesamt 2,5 km. Es gibt einen großen Spielplatz mit Klettergerüst, Wippe, Schaukeln, Rutsche. Auf den Wiesen stehen Tischtennisplatten, Tische, Bänke, eine Grillhütte.

Der Naturschutzbund Deutschland (NABU) unterhält am Rand des Parks Informationsräume.

Auskünfte:	Telefon 0 56 05/80 20
Info:	Gleich beim NABU liegt der Bahnhof der Steinertseebahn, eine Modellbahn der Spurweite 12,7 cm zum Mitfahren.
Betriebstage der Bahn:	Mai bis Oktober 1. und 3. Sonntag im Monat und an allen Feiertagen bei gutem Wetter 13.00 – 17.00 Uhr
Auskünfte:	Gemeinde Kaufungen Telefon 05 61/8 31 81 Internet: www.mbc-kasselnet.de.vu

Grillhütte:
Im Naherholungsgebiet Steinertsee
Vorbestellen unter Telefon 0 56 05/80 20

Bergwerkmuseum:
Rossgang, Freudenthalstraße in Oberkaufungen
Dort steht noch immer ein so genannter „Pferdegöpel“ aus dem 19. Jahrhundert, eine Förderanlage, mit der 60 Jahre lang Braunkohle aus einem 28 m tiefen Schacht gehoben wurde.

Öffnungszeiten:	April bis Oktober sonntags 10.00 – 12.00 Uhr
Auskünfte:	Telefon 0 56 05/73 07 oder /80 20

Regionalmuseum:
Alte Schule, Schulstraße in Oberkaufungen
Es zeigt Leben, Arbeiten, Wohnen auf dem Dorf vom 18. bis ins 20. Jahrhundert hinein.

Auskünfte:	Gemeindeverwaltung Kaufungen Leipziger Straße 463, 34260 Kaufungen Telefon 0 56 05/80 20 Telefax 0 56 05/80 21 04 e-Mail: info@kaufungen.de
Mit dem NVV:	Linie Tram 4

Frau Holles Reich

Östlich Kassel zieht sich über gut 420 Quadratkilometer, grob eingepasst in das von Fulda und Werra gebildete großräumige Dreieck, der 1962 gegründete „Naturpark Meißner Kaufunger Wald" hin. Nach Süden begrenzt ihn eine gedachte Linie etwa von Eschwege an der Werra über Hessisch Lichtenau (siehe Kapitel 33) nach Baunatal (siehe Kapitel 27) an der Fulda. Mehr als die Hälfte des Naturparks ist von Wald bedeckt.

An der „Kasseler Kuppe" erreicht der Höhenzug des Meißner mit 754 Metern seinen höchsten Punkt. Der fällt aber kaum ins Auge, weil das Bergmassiv eigentlich keinen rechten Gipfel ausbildet. Vielmehr ist es ein Hochplateau, das sich über eine Fläche von zwei mal viereinhalb Kilometern streckt. „Kaufunger Wald" und „Meißner" trennt die weite Senke des „Gelstergrabens". Höchster Punkt im Kaufunger Wald ist mit 642 Metern der „Bilstein" bei Großalmerode (siehe Kapitel 23).

Die rauen, oft unwirtlichen Höhen von Kaufunger Wald und Meißner sind spät besiedelt worden, vermutlich erst vom neunten Jahrhundert vor Christus an. Dagegen haben sich in den klimatisch angenehmeren Flusstälern von Fulda und Werra schon im fünften Jahrtausend vor Christus erste Steinzeitmenschen niedergelassen.

Der römische Schriftsteller Tacitus berichtet ums Jahr 50 v. Chr. von einem salzhaltigen Grenzfluss. Damit wird er die Quellen ums heutige Bad Sooden-Allendorf (siehe Kapitel 21) gemeint haben. Die Landschaft kam unter fränkische Herrschaft. Die Siedlungen wanderten aus den bevölkerungsreichen Tälern auf die menschenleeren Höhen. Klöster werden gegründet, Burgen errichtet, unter ihnen der „Ludwigstein", der „Sensenstein", der „Sichelnstein".

Den Naturpark berühren oder durchqueren heute 14 Hauptwanderwege in alle Himmelsrichtungen. Hinzu kommen neun Gebietswanderrouten und die kaum mehr überschaubare Zahl der Spazier- und Wanderwege rund um die Orte im Park, darunter auch Trimmstrecken, Lehr- und Lernpfade. Kaum ein öffentlicher Weg im Wald und außerhalb, der nicht mit einem Wanderzeichen markiert wäre.

Eine ganze Reihe Märchen der Brüder Grimm haben am Meißner und im Kaufunger Wald ihre Heimat. Der Meißner, heißt es, sei der Hausberg der Frau Holle, zu dem der Teich unterhalb der Anhöhe „Kalbe" (siehe Kapitel 30) den Eingang bilde. Von Geheimnis umspielt auch Kitzkammer und Hilgershäuser Höhle (siehe Kapitel 22). Beim Dorf Helsa (siehe Kapitel 28) soll Rumpelstilzchen ums Feuer hüpfen, in Nieste das Tischlein Deck Dich stehen.

Wanderer oder Ausflügler zieht es immer auch hinauf zur Kuppe des Meißner. Dort geht es zwar meist windig her. Aber bei rechter Wetterlage finden sich herrliche Aussichten hinüber zum Harz und zum Thüringer Wald. An einem der schönsten Plätze – wenige Schritte unterhalb des Berggasthofs „Hoher Meißner" – steht der Denkstein der Freien Deutschen Jugend, errichtet im Jahr 1912.

Leben im Kaufunger Wald

Wilhelm Müllers Lindenbaum

„Am Brunnen vor dem Tore da steht ein Lindenbaum“. Dass Franz Schubert das Gedicht vertont und Friedrich Silcher es zum Volkslied gemacht hat, ist einigermaßen bekannt. Der Name des Verfassers der drei Strophen mit ihren wenigen Zeilen bleibt aber meist im Dunkeln. Wilhelm Müller, der 1794 in Dessau geboren wurde, ein Schulmeister war und schon 1827 in jungen Jahren in Dessau starb, ist der Verfasser des kleinen, anrührenden Gedichts vom Lindenbaum.

Die Menschen in Bad Sooden-Allendorf wissen, welchen Baum und welches Tor Müller da besungen hat. Vor dem „Steintor“ im Stadtteil Allendorf fließt Wasser aus einem steinernen Brunnen. Dabei steht eine Bank. Eine Linde ist auch da. Dies, sagen die Leute am Ort, sei die Stelle, an der Dichter Müller zu seinem Lied kam. Möglich. Die Umgebung ist danach. Das Reiselexikon „Literarischer Führer durch Deutschland“ bestätigt, dass „einer mündlichen Überlieferung nach Wilhelm Müller in Allendorf das Lied ‚Am Brunnen vor dem Tore‘ verfasst haben soll“.

Niemand kann heute sicher sagen, ob’s denn so war. Selbst mancher Allendorfer urteilt zurückhaltend. Angesichts des betagten Steintors, am plätschernden Brunnen, unter der rauschenden Linde soll das Gedicht entstanden sein. Vielleicht. Müller ist ziemlich weit herumgekommen – nicht nur in Deutschland. Und die Allendorfer Linde war ein Baum, der einen Wanderer wohl beeindrucken konnte. Zwischen 600 und 700 Jahre muss sie alt gewesen sein, als Müller vorbeikam.

Sein Lindenbaum steht nicht mehr. Er ist am 12. Mai 1912 im Hagelunwetter umgefallen. Zwei Jahre darauf wurde ein neuer Baum gesetzt, der heute noch steht. Aber auch das Steintor aus Müllers Zeit ist nicht mehr. Es wurde abgetragen, als Stadtmauern überflüssig wurden und die Tore den Straßenverkehr eher behinderten, als dass sie das städtische Leben sicherten und förderten. Nur der alte Brunnen und eine Bank sind noch da.

Müllers Brunnen heißt in Allendorf der „Zimmersbrunnen“. Allerdings sei dieser Name nicht korrekt, sagen sie. Er müsse „Zinnbergbrunnen“ lauten oder auch „Sünderbrunnen“. Eine alte Geschichte hängt dran: Ein junges Mädchen soll ein Verbrechen begangen haben, von dem heute niemand Genaues weiß. Die Täterin wurde, wie damals üblich, vom Henker hingerichtet.

Sie beteuerte bis zuletzt ihre Unschuld. Kurz bevor ihr der Kopf abgeschlagen wurde, soll das Mädchen ausgerufen haben: „Zum Beweis meiner Unschuld wird an der Stelle, an der mein Kopf niederfällt, eine Quelle entspringen“. Tatsächlich rollte das Haupt ein paar Schritt bergab, und als es liegen blieb, sprudelte dort eine Quelle hervor – der Zinnborn. An seinem Platz steht heute die steinerne Brunnensäule, die Müller besungen haben soll.

Wilhelm Müllers Linde

Bad Sooden-Allendorf

Stadtteile:

Allendorf, Bad Sooden

Daten:

10 000 Einwohner, 7 200 ha Grundfläche, 150 – 250 m über dem Meer

Stadtwappen:

Berlaff und Pfannhaken im Soodener Wappen von 1554; die halbe Acht bedeutet eine Vier. Mit dem hölzernen Berlaff wurde die Kristallbildung am Pfannenrand während des Siedevorgangs verhindert. Der eiserne Pfannhaken diente beim Pfannenreinigen zum Entfernen der festgebrannten Rückstände.

Historische Persönlichkeiten:
Wilhelm Müller, der 1794 in Dessau geboren wurde, wo er 1827 auch starb, kam auf seinen Wanderungen durch Deutschland vermutlich auch nach Allendorf. Dort soll er Rast gemacht haben „am Brunnen vor dem Tore“.

Stadtrundgang:
Gästedienst/Touristinformation Bad Sooden-Allendorf hält einen 17 Seiten starken „Kleinen Fremdenführer“ bereit. Er führt durch das historische Bad Sooden-Allendorf und berührt und beschreibt alle bedeutenden Plätze in der Doppelstadt.

Freibad:
Am Südhang des Stadtteils Allendorf, beheizt mit Schwimmbecken, Sprungturm, Kinderplanschbecken, Spiel- und Liegewiesen.

Radwandern:
Im Gästedienst/Touristinformation gibt’s eine kleine Loseblattsammlung mit sechs Vorschlägen, auf dem Fahrrad die Landschaft rund um Bad Sooden-Allendorf kennen zu lernen. Die einzelnen Strecken sind zwischen 10 und 47 km lang. Zwei längere Touren, die bis nach Kassel und Hannoversch Münden führen, erreichen Längen von 80 und 143 km. Die Broschüre führt auch auf, wer defekte Räder repariert oder intakte Räder ausleiht. Auch Rad- und Wanderkarten sind erhältlich.

Brunnen vor dem Tore:
der Wilhelm Müller vielleicht zu seinem Gedicht inspiriert hat

Fachwerkhäuser:
Vor allem jene in der Kirchstraße in Allendorf. Der große Stadtbrand von 1637 hatte die Vorgänger großenteils vernichtet. Wenige Jahre später waren die Schäden behoben, sogar ansehnlichere Bauten entstanden als je zuvor. Eine Salzsiederstadt hatte eben vermögende Einwohner. Eins der bedeutendsten Häuser ist Nummer 29, das Bürgersche Haus, gewöhnlich der „Löwe“ genannt. Es gehört zu den schönsten in ganz Hessen.

Glockenspiel:
am Rathaus, von dem täglich um 11.00 Uhr und um 17.00 Uhr, freitags auch um 14.00 Uhr, Musik ertönt mit Weisen, die der Jahreszeit angepasst sind.

Salzmuseum:
Der Besucher erfährt in chronologischer Abfolge alles über Solequellen, Salzgewinnung und Transport des „Weißen Goldes" auf den Salzstraßen. Auch die Geschichte der Doppelstadt und des Heilbads wird erläutert. Zum Salzmuseum zählen Außenanlagen wie Solebohrturm, Gradierwerk, Siedekot, Solegraben, Salzamt, Pfennigstube und Solebadehäuschen. Alle Objekte werden auf Informationstafeln erklärt.

Öffnungszeiten:	mittwochs	15.00 – 18.00 Uhr
	Mai bis Oktober zusätzlich	
	samstags u. sonntags	14.00 – 17.00 Uhr
Auskünfte:	Telefon 0 56 52/95 85-0	

Grenzmuseum:
Am „Tag der Deutschen Einheit" im Jahr 1991 ist in Asbach-Sickenberg das thüringisch-hessische Grenzmuseum „Schifflersgrund" unmittelbar an der ehemaligen innerdeutschen Grenze eröffnet worden. Es soll die Erinnerung an die jahrzehntelange Teilung Deutschlands nach dem Zweiten Weltkrieg wach halten. Zu sehen sind ein 11 m hoher Beobachtungsturm der DDR-Grenztruppen, dazu die wichtigsten Grenzsicherungsanlagen der einstigen DDR. In den Ausstellungsräumen werden Karten, Bilder, Dokumente zur deutschen Teilung gezeigt. Ins Museum kommen jährlich gut 30 000 Besucher.

Öffnungszeiten:	März bis Oktober	
	täglich	10.00 – 17.00 Uhr
	November bis Februar	
	montags bis freitags	10.00 – 17.00 Uhr
	samstags und sonntags	13.00 – 17.00 Uhr
Auskünfte:	Telefon 03 60 87/9 84 09	

Auskünfte: Touristinformation/Gästedienst
Landgraf-Philipp-Platz 1 – 2,
37242 Bad Sooden-Allendorf
Telefon 0 56 52/95 87 18
Telefax 0 56 52/9 58 71 34
e-Mail: touristinfo.BSA@t-online.de
Internet: www.bad-sooden-allendorf.de

Mit dem NVV: Linie R7, Bus 213, 215, 216

Hessens größte Höhle

„Im Felde des Dorfes Hilgershausen, an der von Großalmerode nach Allendorf führenden Straße, erhebt sich ein schroffer, an 80 Fuß hoher Kalksteinfelsen, der Hohlstein genannt, welcher eine geräumige, ohne große Mühe oder Gefahr zugängliche Höhle und darin einen kleinen See mit kaltem, klarem und wohlschmeckendem Wasser birgt." So heißt es in einer Schrift aus dem 19. Jahrhundert über die „Hilgershäuser Höhle".

Mit ihren Innenmaßen von 20 Metern in der Breite, rund 50 in der Tiefe und 12 in der Höhe zählt die Hilgershäuser Höhle zu den eher kleinen unterirdischen Löchern in Deutschland. Weil sie aber als größte Höhle Hessens geführt wird, ist ein Kurzbesuch wohl angebracht. Zu sehen ist allerdings außer dem Loch im Fels nicht viel. Riskant ist der Einstieg nicht. Da ist dem Autor, der sie vor mehr als 150 Jahren so sorgsam beschrieben hat, zuzustimmen.

Vom winzigen Parkplatz an der Landesstraße 3239 von Bad Sooden-Allendorf nach Großalmerode zeigt ein Wegweiser die Richtung zur Höhle. Knapp 150 Meter Waldweg sind es nur. Schon liegt der Eingang vor dem Wanderer. Ein paar Stufen führen ins Innere hinab. An der Felswand draußen klärt eine Tafel auf, dass 1327 erstmals schriftlich von der Höhle die Rede war und dass sie wohl in vorchristlicher Zeit als eine Art Kultstätte gedient hat.

Ein besonderer Ort war die große Grotte wohl auch bis in die jüngere Vergangenheit hinein. Denn noch im frühen zwanzigsten Jahrhundert, so wird berichtet, kamen die jungen Burschen und ihre Freundinnen von Hilgershausen und dem nahen Ort Kammerbach jeweils am zweiten Ostertag zur Höhle. Sie stiegen hinein und legten an dem kleinen See im Innern einen Frühlingsstrauß ab.

Nachdem alle einen Schluck von dem Wasser getrunken und auch ein paar Kannen für daheim gefüllt hatten, machten sie sich wieder auf den Rückweg. In noch früherer Zeit, so heißt es, habe sich niemand in den Kalksteinfelsen zu gehen getraut, ohne dort einen Blumenstrauß niederzulegen. Die Höhlengeister sollte das Geschenk besänftigen, dass sie den Besuchern keinen Schaden antäten.

Nicht ohne Grund. Denn draußen vor der Höhle liegt der Hexensee. Von ihm geht die Kunde, dass schon mancher, der versonnen im dunklen Wasser sein Spiegelbild betrachtet hatte, plötzlich in dem See versunken sei. Und niemand habe die arme Seele je wieder gesehen.

Dort unten führt der Weg in die Hilgershäuser Höhle

i

Der Weg zum Höhlenparkplatz:
Die L 3239 durchquert in Fahrtrichtung Großalmerode kurz nach dem Ort Kammerbach ein schmales Waldstück. Die Straße führt hier ziemlich bergab. Gut 1 100 m nach dem Ortsschild Kammerbach und unmittelbar nach einer scharfen Rechtskurve im Scheitel der sogleich folgenden Linksbiegung zeigt ein Wegweiser rechts zum Parkplatz.
Auf alle Fälle eine Taschenlampe mitnehmen.

In Sichtweite der Höhle liegt das Gasthaus „Forellenhof", ganzjährig geöffnet, aber nur freitags, samstags, sonntags und an allen Feiertagen, Telefon 0 56 52/33 22.

Mit dem NVV: Buslinie 442, 445

Zum Bilsteinturm

Der „Bilstein“ nördlich Großalmerode ist mit seinen 641 Metern nicht gerade, was man einen richtigen, hochragenden Berg nennt. Immerhin ist der nahgelegene „Mühlenstein“ nur geringfügig niedriger. Und der „Hirschberg“ südwestlich Großalmerode bringt es auf gute 642 Meter. Doch dem Bilstein ist 1891 ein schlanker steinerner Turm aufgesetzt worden. Weil aber der Wald rundum immer höher wächst, ist der Turm inzwischen der besseren Aussicht wegen ein gläsernes Dachgeschoss aufgesetzt worden.

Hinauf führen 90 Stufen. Von oben ist der Blick herrlich und umfassend – zum Hohen Meißner hinüber und zur Rhön, zum Kellerwald auch. Bei passender Wetterlage reicht die Sicht gar bis zum Brocken im Harz und zur Wasserkuppe in der Rhön, zum Thüringer Wald und ins ferne Sauerland.

Um den Ausblick zu genießen, muss erst mal gewandert werden. Zweieinhalb Kilometer hin und ebenso viele zurück. Eine Fahrstraße führt nicht hinauf. Die endet am Parkplatz unweit des „Steinbergs“. Von dort folgt der Wanderer dem Wegweiser *Bilstein* auf schmalem Pfad sacht bergab in den Wald hinein. Nur 200 Meter später geht's auf festem Schotterweg links leicht bergan. Bald tritt rechts der Wald zurück. Ein schöner Blick auf den *Hohen Meißner* (siehe Kapitel 30) wird frei.

Knapp anderthalb Kilometer sind gegangen, dann deutet ein Wegweiser *Steinberghütte Spielplatz* nach links in einen alten Basaltsteinbruch. Dort stehen für Wanderer bereit: eine geräumige Hütte mit überdachtem Vorplatz, nahebei ein Grill einschließlich Brennholz sowie jede Menge Tische und Bänke. Im Steinbruch nebenan sind die zugehörigen Toiletten. Ein paar Schritte weiter liegt ein großer Waldspielplatz mit Wippe und Rutsche, mit Schaukeln, Bolzplatz, Tischen und Bänken.

Die Wanderung zum Bilsteinturm führt auf dem festen Schotterweg weiter und stößt nach 200 Metern links am Weg auf die „Dreierhütte“, grad auf der Grenze zum „Naturpark Meißner/Kaufunger Wald“. Gut 100 Meter nach der Hütte zeigen zwei Wegweiser die neue Richtung zum Bilsteinturm, nach zusätzlichen 200 Metern erneut. Nein, verloren gehen kann in diesem Wald wahrhaftig niemand. Der Turm wird allmählich sichtbar. Das letzte Ende führt noch mal ziemlich bergan. Dann ist's geschafft. Hinauf steigen 90 Stufen, 15 steinerne außen, 55 steinerne innen und 20 stählerne im Glashaus oben drauf.

Der Weg zurück führt zunächst zur Dreierhütte wie der Anmarsch. Vor dem Unterstand dort aber geht's schräg rechts und gradaus in den Wald hinein. Nach 200 Metern ist der vorherige Waldspielplatz, nun aber von der andern Seite her, erreicht. Von dort läuft der Rückweg zum Parkplatz an dem Wegdreieck rechts hinauf und bald darauf als Fußpfad links ziemlich bergan. Gradaus versperrt ein Holzzaun den Weg. Linker Hand bricht die Kante zum Basaltsteinbruch steil hinab. Bald sind ein paar Bänke erreicht, die einen schönen Blick auf den einsamen „Steinbergsee" freigeben. Ein halber Kilometer noch, dann trifft der Pfad auf einen Waldweg, der links nach 400 Metern in den Parkplatz mündet.

Viele Wegweiser geleiten sicher zum Bilsteinturm

Der Weg zur Wanderung:
Auf der B 451, der „Deutschen Märchenstraße“, von Großalmerode in westlicher Richtung auf Helsa zu. Bald nach dem Ortsende rechts ab wie ausgeschildert Richtung „Gut Giesenhagen“ und nach 1 400 m zum Parkplatz.

„Berggasthof am Bilsteinturm“

Öffnungszeiten:	Mai bis Oktober dienstags bis sonntags und feiertags	 ab 12.00 Uhr
	November bis April samstags, sonntags und feiertags jeweils bis Einbruch der Dunkelheit	 ab 12.00 Uhr
Auskünfte:	Telefon 0 56 04/60 11 oder 01 73/2 10 54 59	

Großalmerode

Stadtteile:
Epterode, Großalmerode, Laudenbach, Rommerode, Trubenhausen, Uengsterode, Weißenbach

Daten:
8 000 Einwohner, bis 643 m über dem Meer, 38 km^2 Fläche

Partnerstadt:
Royston/Herfordshire (Großbritannien)

Stadtwappen:
Das von Landgraf Friedrich von Hessen verliehene Wappen zeigt in weißem Feld auf grünem Boden im Maßstab 1 : 2 aufgestellte, rote Schmelztiegel neben denen Spielkugeln aufgeschüttet sind.

Historische Persönlichkeiten:
Wilhelm Grimm, der gemeinsam mit seinem ein Jahr älteren Bruder Jacob die „Kinder- und Hausmärchen“ gesammelt und veröffentlicht hat, wurde am 13. April 1800 in der evangelischen Stadtkirche von Großalmerode konfirmiert.
Auguste Viktoria, letzte deutsche Kaiserin, stiftete zum Besuch in Großalmerode im Jahr 1916 eine Altarbibel mit persönlicher Widmung.

Stadtrundgang:
In der Tourist-Information gibt's einen Stadtplan mit allen Ortsteilen, der auf der Rückseite eine Wanderkarte zeigt mit 24 Rundwegen in der Umgebung Großalmerodes.

Freibad:
Beheiztes Panoramabad am Südhang über der Stadt, reines Trinkwasser, drei Planschbecken, ein Nichtschwimmer- und ein Schwimmerbecken mit Sprungturm, Grünfläche mit Wäldchen, Baumgruppen, Spiel-, Rutsch- und Kletterburg, Spielgeräte, Tischtennisplatten, Beachvolleyballplatz, Kiosk, „Familien-Urlauber-Badekarte" als besonderes Angebot

Auskünfte: Telefon 0 56 04/14 59

Grillplätze:

Grillhütte am Schwarzenberg, für ca. 20 Gäste
Anmeldung: Landratsamt Witzenhausen, Telefon 0 55 42/95 81 51

Ludenbach-Hütte am Kalten Born in Laudenbach, für ca. 20 Gäste
Anmeldung: Heimatverein, Telefon 0 56 04/12 82

Grillhütte in der Trift in Trubenhausen, für ca. 20 Gäste
Anmeldung: Franz Klötzl, Telefon 0 56 04/14 41

Fuchsheckenhütte in Rommerode, für ca. 30 Gäste
Anmeldung: Herbert Schaumburg, Telefon 0 56 04/12 24

Grillhütte in Uengsterode, für ca. 35 Gäste
Anmeldung: Anke Heinemann, Telefon 0 56 04/91 56 13

Grillhütte im Säulen-Basaltbruch im Kaufunger Wald, für ca. 40 Gäste, mit Spiel- und Liegewiese
Anmeldung: Forstamt Witzenhausen, Telefon 0 55 42/9 32 50

Minigolf: Kasseler Straße 99 in Großalmerode

Radwandern:
„Meißnerradrundweg", markiert auf Radwegen durch die Flusstäler von Gelster, Wehre und Werra, rund 85 km, einen Sonderprospekt übers Radfahren im Werra-Meißner-Land gibt's kostenlos in der Tourist-Information.

Wandern:
Rund 200 km markierte Wanderwege, darunter der „Frau-Holle-Pfad", der Bergmannspfad und die Sälzerwege, geführte Wanderungen mittwochs 13.30 Uhr ab Rathaus. „Eisbeer-Eibe-Pfad" mit Start am Wanderparkplatz an der Straße von Trubenhausen nach Weißenbach, gut 500 m südlich Trubenhausen.

Glas- und Keramikmuseum:
Kleiner Kirchrain 3, 37247 Großalmerode
Es zeigt die Gewerbe- und Industriegeschichte der Region, geprägt von den Bodenschätzen Ton, Sand, Kohle, dabei Kunstgalerie des Heimatmalers Heinrich Pforr, der Leben und Landschaft um den Hohen Meißner gezeichnet hat.

Öffnungszeiten:	Mai bis November	
	sonntags	14.00 – 17.00 Uhr
Auskünfte:	Telefon 0 56 04/75 55	

Heimatkundliche Sammlung:
Axel Künzel, Dorfstraße 42 im Stadtteil Epterode
Keramik, Ton, Trachten

Öffnungszeiten:	nur nach Absprache Telefon 0 56 04/50 30
Auskünfte:	Tourist-Information Marktplatz 18, 37247 Großalmerode Telefon 0 56 04/1 94 33 Telefax 0 56 04/93 35 47 e-Mail: touristinformation@grossalmerode.de Internet: www.grossalmerode.de
	Verkehrsverein Großalmerode e. V. Marktplatz 11, 37247 Großalmerode Telefon 0 56 04/12 55
Mit dem NVV:	Buslinie 205, 206

Männer auf Händen getragen

Ritter Reinhard von Dallwigk, Herr auf der „Weidelsburg“, hatte ständig Händel mit seinem Landesherrn, Landgraf Heinrich I. zu Hessen. Dallwigk kam seinen ritterlichen Pflichten selten nach, stellte nicht die geforderten Krieger zu des Landgrafen Feldzügen, führte unzureichend Steuern ab. Mehrfach ließ ihn der Landesherr auf der Weidelsburg belagern, letztmals im Jahr 1448.

Der Landgraf war mit seiner Geduld am Ende. Dallwigks Weidelsburg wollte er nun mit Mann und Maus, mit Kind und Kegel, mit Ross und Reiter dem Erdboden gleichmachen. Ehe es dahin kam, zog Agnes von Hertinghausen, Dallwigks Ehefrau, den Berg hinab zu den Belagerern. Der Landgraf, bat sie, möge Frauen, Kinder, Mägde schonen und sie ziehen lassen. Auch möchte er erlauben, dass sie ihr Liebstes aus der Burg retteten, ehe sie zerstört werde.

Heinrich hatte ein Erbarmen. Die Frauen sollten mitnehmen, so viel sie tragen könnten. Er ahnte nicht die List der Rittersfrau. Samt Kindern und allem weiblichen Personal durchschritt Agnes bald darauf schwerbeladen das Burgtor. Ihr kostbarstes Gut, den Ritter und Ehemann Reinhard von Dallwigk, schleppte sie auf ihren Schultern den Berg hinunter. Das schmerzte den Landgrafen, seinen ärgsten Gegner auf solch billige Art ziehen zu lassen.

Doch er stand zu seinem Wort. „Möchte es doch“, soll er ausgerufen haben, „überall in meinem Hessenlande so stehen, dass des Weibes bester Schatz ihr Mann ist, nicht aber Prachtkleider und Juwelen“. Heinrich hätte wissen können, dass sich auf der Weidelsburg – wenn es denn tatsächlich so geschehen ist – nur wiederholte, was sich 300 Jahre zuvor im schwäbischen Städtchen Weinsberg zugetragen hatte.

Dort hatten die „Weiber von Weinsberg“, wie Adelbert von Chamisso sie in seiner Ballade nennt, ihre Männer aus der Stadt hinausgetragen. König Konrad III., dessen Heer Weinsberg seit dem 15. November 1140 belagerte, hatte den Frauen erlaubt, mitzunehmen, was sie tragen könnten, ehe er die Stadt stürmen ließ. Als die Frauen dann ihre Männer auf den Schultern hinaustrugen, hielt der König sie nicht auf. „Ein Königswort darf nicht verdreht werden“, soll er gesagt haben. Die nahe Burg oberhalb Weinsberg heißt seither „Weibertreu“.

Die Weidelsburg, die auf einem hohen Basaltkegel das Land weithin sichtbar überragt, gilt als die größte Ruine Nordhessens. Bedeutende Teile der Burg sind erhalten, darunter zwei mächtige Wohntürme, eine gutes Stück der Mauer und immerhin sechs von einst neun Wehrtürmen. Über 75 eiserne Stufen steigt der Besucher den Palas hinauf und genießt von oben den Blick nicht nur in den Burggraben, den Zwinger und den Burghof hinab, sondern weit hinaus übers hessische Land. Ein gutes Dutzend Burgen und Ruinen, zumindest die Berge, auf denen sie stehen, sollen bei guter Sicht erkennbar sein.

Der Rundgang durchs Gemäuer der Weidelsburg lässt einiges ahnen vom Leben in solch mittelalterlichem Haus. Fensteröffnungen sind erhalten, Kragsteine für Balken und Bretterauflagen in den verschiedenen Stockwerken der Wohntürme, Kamine für den Rauchabzug, Aborterker. Bei genauem Hinschauen wird aber auch deutlich, dass so ein Burgleben nicht eben romantisch war, wie sich dies manch einer vorstellen mag.

Geräumig war's selten in der meist schwer zugänglichen festen Anlage droben auf einem Berggipfel oder einer Felsnase. Auch lebte der Burgherr nie allein auf seinem Berg. Nicht nur die eigene Familie, das gesamte Gesinde war dabei. Oft teilten sich mehrere Burgerben ein einziges Domizil, was ständigen Familienstreit sicherte. Vieh und Pferde wurden gehalten. Heizen ließ sich nur ein kleiner Teil der Räume.

Ein Schweizer Burgenforscher hat ermittelt: „Der Boden starrte vor Schmutz und Unrat, in den Wänden und Böden tummelten sich Ratten und Mäuse, Wanzen und anderes Ungeziefer. Durch die schmalen Fensterscharten pfiff der Wind. Deshalb holte man bei strenger Kälte Schweine, Ziegen und Hunde in die Wohnräume, um durch die Wärme der Tiere die ungenügende Leistung des Feuers zu verstärken".

Fensterglas war bis ins 13. Jahrhundert hinein die Ausnahme. Zugige Maueröffnungen, die tagsüber als Lichtquelle dienten, wurden nachts verhängt oder zugestopft. Die Wasserversorgung war ein ständiges Problem auf dem Berg, Wasserspülung, Kanalisation ohnehin. Abwechslung kam selten in solchen Burgalltag. Gelegentlich mochte ein fahrender Sänger vorbeischauen, oder der Hausherr rückte zum Kriegszug aus, falls er nicht grad selbst belagert wurde. Keine Spur von Romantik in solch mittelalterlichem Haus.

Die Weidelsburg – mächtigste Ruine Nordhessens

i

Der Weg zur Weidelsburg:
Die Weidelsburg ist auf ihrem stumpfen, bewaldeten Bergkegel von weitem zu sehen. Sie liegt 6 km südsüdwestlich Wolfhagen.

Der Wegweiser zur Weidelsburg steht am Ortsrand des Wolfhagener Stadtteils Ippinghausen in Fahrtrichtung Naumburg. Die Zufahrt endet am Wanderparkplatz. Dort weist eine Wanderwegetafel drei Zugänge zur Burg auf.

Wanderer, die den Aufstieg noch kürzer – dann aber auch steiler – wünschen, gehen direkt links an der Tafel vorüber zehn Schritt den Fußweg hinauf, dann auf dem Schotterweg kurz rechts, gleich darauf links und nun ziemlich bergan. Nach rund 250 Metern auf diesem meist grasigen Weg zweigt links ein unscheinbarer Pfad ins Gebüsch ab. Bald folgen ein paar Treppenstufen. Dann zeigt sich die Wegmarkierung 4. In Serpentinen geht's mit ihr recht steil hinauf, doch nur für kurze Zeit. Der ganze Weg ist in 10 Min. gut zu machen.

Sollte der Abzweig nach links im ersten Anlauf verpasst werden, schadet das nicht. Der Grasweg endet bald in einem aufgelassenen Basaltsteinbruch, dem „Bertramsgrill". Dort stehen eine Schutzhütte, ein paar Tische und Bänke, geeignet auch für eine längere Rast.

Auskünfte:	an Sonn- und Feiertagen öffnet auf der Ruine ein Kiosk mit Getränken und kleinen Speisen Telefon 0 56 92/14 83
	„Bertramsgrill" im Steinbruch Telefon 0 56 92/59 68
Mit dem NVV:	Buslinie 42

Schritte in die Vergangenheit

Historische Pfade zu wandern, ist oft schwierig. Mancher als leicht begehbar gedachte Weg leitet bald in die Irre. Vergangenheit ist für Überraschung gut. So am Stadtrand Naumburgs, wo der *„Historische Grenzsteinpfad“* in manchmal schwerem Gelände verläuft. Festes Schuhwerk ist vonnöten, vor allem, wenn's tags zuvor geregnet hat.

An 20 Grenzsteinen, teils seit einem halben Jahrtausend schon tief im Boden steckend, führt der knapp acht Kilometer lange Pfad vorbei. Gesetzt haben die Steine einst die Kurfürsten von Mainz, die hessischen Landgrafen und späteren Kurfürsten, die Herren von Elben und von Buttlar und die Fürsten von Waldeck.

Richtig anstrengend ist die Runde kaum, für Kinderwagen oder Rollstühle allerdings nicht geeignet. Die Suche nach dem einzelnen Stein vor allem ist's, die den Spaß ausmacht. Dazu, Einritzungen zu entwirren wie das „Mainzer Rad“, den „Hessenlöwen“ oder auch nur die Jahreszahlen zu lesen.

Auf dem Grenzsteinpfad

Gut anderthalb Kilometer außerhalb Naumburgs an der Landstraße auf Netze zu liegt links im Wald ein Parkplatz. Er markiert den Beginn des *Grenzsteinpfads*. Eine Wegtafel zeigt den Verlauf. Gleich nebenan machen die ersten fünf hier zusammengetragenen Steine schon mal ganz neugierig auf weitere. Ein Tisch und zwei Bänke stehen bereit für eine letzte Rast vor dem Start.

Der *Grenzsteinpfad* ist durchgehend mit einem *Kreis und einem Querstrich* drin markiert, angelehnt wohl an das Straßenverkehrsschild, das einen Grenzübergang ankündigt. Zusätzlich zeigt ein Pfeil die Richtung. Auf weichem Waldboden, aber auch über manches Wurzel- und abgefallenes Astwerk hinweg verläuft der anfängliche Teil des Wegs fast parallel, aber gut abgesetzt zur Landstraße Richtung Netze.

Der erste Grenzstein lässt auf sich warten. Nach 700 Metern wird erst mal ein Waldweg überquert, nach weiteren 100 geht's auf einem Schotterweg halblinks. Gute 300 Meter später kreuzen sich mehrere beschilderte Wanderwege. Nun noch 100 Meter geradeaus, und endlich ist als erster Stein das *„Bubenkreuz“* erreicht. Die Tafel nebenan erklärt, wie der Stein zum Namen kam.

Der Wanderweg wird, wie schon angekündigt, nun etwas schwierig. Tiefe Fahrspuren sind in den Boden gewühlt. Hier und da steht Wasser in den Furchen. Doch der zweite Stein, wohl vom Jahr 1580, ist nicht weit. Er trennte einst Mainzer und Waldecker Gebiet, wie die Wappen belegen: das achtspeichige Rad der Kurfürsten von Mainz und der achtstrahlige Stern der Herren von Waldeck.

Naumburgs Stadtpfarrkirche aus dem Jahr 1684

In rascher Folge geht's nun an den Steinen drei bis acht vorüber, aufgestellt in den Jahren 1863, 1817, 1727 und 1580. Die Buchstaben K. H. stehen für Kurfürstentum Hessen, die Buchstaben F. W. für Fürstentum Waldeck. Es folgen die Steine 9 bis 13. Gelegentlich heißt's, genau hinzuschauen. Nicht jede Grenzmarke ist sofort sichtbar. Manche steht auch ein wenig abseits des Wegs.

Warum Stein 12 der *„Schneiderstein"* heißt und die Gruppe zusammen hier die *„Herrensteine"* sind, wird auf der Tafel nebenan erläutert. Dicht nacheinander werden nun Stein 14 aus dem Jahr 1716, danach 15 und 16 passiert. Hier gilt's zu entscheiden, ob rechts durch den Talgrund die ganze Runde gegangen werden soll einschließlich der noch fehlenden Steine 17 bis 20 und des Naturdenkmals *„Fünf-Brüder-Buche"* oder ob gradaus den Hang hinauf die Abkürzung gewählt wird.

Rechts hinunter folgt erneut ein schwieriges Stück Weg. Auch die Steine sind hier nicht leicht zu finden. Nach 300 Metern wird's besser. Dort zeigt der Wegweiser links hinauf in Richtung Naturdenkmal. Ihm nun immer nach zum Ende der Steinsetzungen bei 19 und 20. Am letzten Stein biegt der Weg links ab. Pfeil und Schrift am Baum zeigen die Richtung zur „Fünf-Brüder-Buche“. Nach weiteren 200 Metern ist sie erreicht, ein erstaunliches Gewächs.

Damit endet der eigentliche *Grenzsteinpfad.* Nun also auf den Rückweg. Von der Lichtung an der Buche in der bisherigen Richtung weiter. Bald folgt ein Wegweiser „Zum Parkplatz“. Ihm nach und dem *gelben Kreis mit Strich und Pfeil.* Nach anderthalb Kilometern tritt der Weg oberhalb eines Bachs aus dem Wald, überquert das Wasser und kommt längs den *gelben Zeichen* nach weiteren 1 000 Metern zum Parkplatz.

i

Naumburg

Stadtteile:

Altendorf, Altenstädt, Elbenberg, Heimarshausen, Naumburg

Daten:

6 000 Einwohner, 210 – 450 m über dem Meer

Partnerstadt:

Komárom in Ungarn

Stadtwappen:

Das Mainzer Rad und die Bischofsmütze erinnern an die Gründung der Stadt mit Unterstützung und im Interesse der Mainzer Bischöfe.

Stadtrundgang:

Die Kur- und Verkehrsverwaltung hält einen kleinen Stadtführer bereit. Ein weiteres Faltblatt erklärt den „Historischen Grenzsteinpfad“.

Freibad Naumburg: (beheizt)

Öffnungszeiten:	witterungsabhängig	
	Mitte Mai bis Anfang September	
	täglich	11.00 – 19.00 Uhr
Auskünfte:	Telefon 0 56 25/92 22 44	
Mit dem NVV:	Buslinie 52, N52, 154	

Freibad Heimarshausen:

Öffnungszeiten:	witterungsabhängig Ende Mai bis Anfang September	
	täglich	11.00 – 19.00 Uhr
Auskünfte:	Telefon 0 56 22/91 99 33	

Bewegungsbad Naumburg:

Wassertemperatur 28° C, ganzjährig geöffnet (bis auf 2 Wochen Sommerpause)

Öffnungszeiten:	mittwochs bis montags	9.00 – 12.00 Uhr
	und	15.00 – 21.00 Uhr
Auskünfte:	Telefon 0 56 25/3 94 oder 17 88	

Grillplätze:

Burghain Naumburg	Telefon 0 56 25/79 09 14
Felsenkeller Elbenberg	Telefon 0 56 25/79 09 14

Altstadt:

Am besten mit dem Faltblatt „Historischer Stadtführer", den es in der Kur- und Verkehrsverwaltung gibt.

Naturschutz-Informationszentrum „Raum für Natur":

im Haus des Gastes, Hattenhäuser Weg 10

Auskünfte: Telefon 0 56 25/79 09 21

Hummelwerkstatt:

Ein kleines Holzhaus vor den Toren Naumburgs, in dem Besucher den Hummeln im Nest und bei der Arbeit zusehen können. Nebenan gibt's einen 1 000 m² großen Blumengarten mit Pflanzen, wie sie Hummeln lieben.

Auskünfte: Stadtverwaltung
Burgstraße 15, 34311 Naumburg
Telefon 0 56 25/79 09-0
Telefax 0 56 25/79 09-50
e-Mail: kurverwaltung@naumburg.kgrz-kassel.de
Internet: www.hessennet.de/naumburg

20 Meter Adventskerze

Eigentlich wäre Weihnachten die rechte Zeit, nach Niedenstein zu reisen. Dann leuchtet droben auf dem „Niedensteiner Kopf" eine riesige Adventskerze, angezündet vom Hessisch-Waldeckischen Gebirgs- und Heimatverein Niedenstein. Mahnen soll sie und ein Zeichen setzen fürs friedvolle Miteinander aller Menschen.

Im Sommer ist von der Kerze nichts zu sehen. Dann steht an ihrer Stelle auf dem 475 Meter hohen Berg über dem Städtchen Niedenstein nur der schlichte viereckige *„Hessenturm"*. Ihn haben 1931 die Mitglieder des Gebirgs- und Heimatvereins aufgerichtet. Im Winter aber, zur Adventszeit, stellen sie dem Turm einen Lichterbaum aufs Dach, gleich beim kleinen Fahnenmasten. Samt dem angestrahlten weißen Turm leuchtet alles dann wie eine brennende Kerze weit hinaus in die oberhessische Winternacht.

Zum „Hessenturm" hinauf sind's rund 800 Meter zu Fuß, allerdings gelegentlich recht steile Meter. Der Fußmarsch beginnt an einem kleinen Abstellplatz fürs Auto oberhalb der Stadt. Dorthin führt die „Schwasebachstraße". Sie biegt gleich vorm Fachwerkrathaus am „Obertor" mit dem Brunnen davor links ein. Nun immer bergan der Beschilderung „Hessenturm" folgen. Wo der Asphaltweg endet, bleibt das Auto zurück.

Weiter nun zu Fuß. Je höher es den Berg hinaufgeht, desto großartiger wird die Aussicht. Am schönsten ist sie natürlich von der Plattform auf der Turmspitze. Dort hinauf führen in einem etwas beengten Aufstieg 68 hölzerne Stufen. Es lohnt sich. Unten sind ein paar Sitzgruppen. Von Ostern bis September werden bei gutem Wetter sonntags und an Feiertagen in der Wanderhütte am Turm Getränke, Kaffee und Kuchen, auch warme Würstchen verkauft.

Niedenstein

Stadtteile:
Ermetheis, Kirchberg, Metze, Niedenstein, Wichdorf

Daten:
5 750 Einwohner, 180 – 400 m über dem Meer

Stadtwappen:
In Gold ein herschauender blauer Stechhelm mit rot-silberner Decke und silbernen Hörnern, zwischen denen ein roter Löwe steht.

Stadtrundgang:
Der von der Stadt und vom Hessisch-Waldeckischen Gebirgs- und Heimatverein Niedenstein ausgearbeitete und markierte 17 km

Burg Falkenstein erzählt dem Besucher eine dunkle Sage

lange „Chattenpfad“ führt durch alle 5 Stadtteile. Er trägt seinen Namen nach dem „Chattengau“, der Urzelle der späteren Landgrafschaft Hessen. Im Stadtteil Metze soll sich die chattische Hauptstadt „Mattium“ verbergen.

Hallenbewegungsbad: Schulstraße 32 in Niedenstein

Auskünfte: Telefon 0 56 24/12 22

Grillplätze:
„Am Junkerskopf“ in Metze, am Sengelsberger Teich in Niedenstein, in Ermetheis, in Wichdorf
teilweise nur nach Voranmeldung

Auskünfte: Telefon 0 56 24/99 93 18

i

Wandern:
Einen 36-seitigen „Wanderführer für die nähere Umgebung" gibt das Fremdenverkehrsbüro im Niedensteiner Rathaus gegen eine geringfügige Gebühr heraus. Er enthält 2 nicht markierte Spazierwege von jeweils 3 km Länge und 10 überwiegend markierte Rundwanderwege zwischen 3 und 17 km. Insgesamt stehen in und um Niedenstein mehr als 70 km Wanderwege zur Verfügung.

Burgruine Falkenstein:
Zu ihr führt die Rundwanderung N5, die in der Niedensteiner Hauptstraße beginnt und vom Hessisch-Waldeckischen Gebirgs- und Heimatverein markiert worden ist.

Waldlehrpfad:
Am Goddelbusch. Der Pfad startet am Parkplatz des Hallenbads und erklärt die Gehölzarten im Wald.

Frühgeschichtlicher Lehrpfad:
An der Altenburg, Schrifttafeln am Weg führen in die Zeit vor mehr als 2 000 Jahren zurück. Der Rundweg ist mit N6 bezeichnet.

Heimatmuseum:
in Kirchberg

Öffnungszeiten:	jeden ersten Sonntag im Monat	14.00 – 16.00 Uhr
Auskünfte:	Telefon 0 56 03/24 96	

Hessenturm:
Auskünfte: Horst Eubel, Telefon 0 56 24 / 61 37

Auskünfte: Fremdenverkehrsbüro, Rathaus
Obertor 8, 34305 Niedenstein
Telefon 0 56 24/99 93 18
Telefax 0 56 24/99 93 10
e-Mail: info@niedenstein.de
Internet: www.niedenstein.de

Mit dem NVV: Buslinie 53, 412

Der Weg ist das Ziel

„Es war ein Mann im Lande Uz, der hieß Hiob. Derselbe war schlecht und recht, gottesfürchtig und mied das Böse." Mit diesen Sätzen beginnt „Das Buch Hiob" im Alten Testament der Bibel. Hiob hatte Leid und Not zu ertragen, Krankheit und Kränkung.

Um ihn in dieser schweren Zeit zu trösten, suchen ihn drei Freunde auf: Eliphas von Theman, Bildad von Suah und Zophar von Naema. Tagelang reden und streiten die vier miteinander um das Verhältnis des sittlichen Werts des Menschen zu seinem Schicksal. Das Buch Hiob, vermutlich einige hundert Jahre vor Christi Geburt entstanden, rechnet zu den bedeutendsten Werken der Weltliteratur.

Im Stadtpark von Baunatal diskutieren die vier aus dem Alten Testament noch immer. Der Steinmetz Wolfgang Winter hat sie auf dem Baunataler Bildhauersymposium 1986 in Stein gehauen und nah der Theodor-Heuss-Schule aufgestellt – Hiob in der Mitte, die drei Freunde in gleichen Abständen um ihn herum. „Objekte der Meditation" sieht der Künstler in seinen Skulpturen, Wege auch, die christliche Mystik zu erkunden.

Hiob steht am Anfang eines abwechslungsreichen Skulpturenpfads im Baunataler Stadtpark. Nicht alle steinernen und hölzernen Objekte längs des Wegs sind auf den ersten Blick so schwer zu verstehen wie Hiob. Die zweite Figur schon wirkt fast lustig und lädt geradezu ein, auf ihr Platz zu nehmen. „Quo vadis?" heißt sie, „wohin gehst du?", und zeigt dem Betrachter zwei Gestalten, die wohl mit einer Art Auto unterwegs sind in die Zukunft. Der Umriss eines VW-Käfer im Rasen neben den Autofahrern erinnert wohl nicht von ungefähr an das Baunataler Volkswagenwerk, Nordhessens größten Industriebetrieb.

Der Pfad führt unter einer bunt bemalten Fußgängerbrücke hindurch und erreicht bald eine Weggabel. Dort stand einst Skulptur Nummer 3, acht Betonstelen, die aber schon ein Jahr nach ihrer Aufstellung zerstört wurden. Geblieben ist rechts am Weg eine im Kreis angeordnete Gruppe behauener Sandsteine.

Wenige Schritt nach diesem „Steinring" stehen rechter Hand unbewegt im Buschwerk fünf etwas überlebensgroße Gestalten aus Eichenholz und Edelstahl. Der Ort trägt den Namen „Platz der Begegnung" und zeigt das soziale Neben- und Miteinander der Menschen.

Die Wanderung längs des Skulpturenpfads führt ständig am Flüsschen Bauna hin. Auf der linken Seite folgt bald eine etwas versteckt liegende Freilichtbühne, gleich darauf Ententeiche und schließlich ein Spielplatz von riesigen Ausmaßen: Klettergerüste, Holzfestungen, Hütten, Stege, Hängebrücken, ein Wasserschöpfrad und viel Platz zum Toben.

Zum Spielplatz herüber schaut nachsichtig und in sich gekehrt Skulptur Nummer 5, die „Frau auf der Parkbank". Wenige Schritte sind's von ihr zu einem Steinblock, der einfach so da liegt auf dem Rasen: „Magisches Wasser". Die Oberfläche der Skulptur symbolisiert in ihrem Auf und Ab die fließende Bewegung des Wassers.

Kunstwerk Nummer 7 umringt weitläufig die nun folgende Weggabel und besteht aus drei Einzelstücken. Gelb, blau und orangefarben sind hier kräftige Holzbalken zusammengefügt, die einfach nur dastehen. Ähnlich zwei weitere Skulpturen, die nach den Tennisplätzen rechts des Wegs folgen. Jeder möge sich selbst einen Reim auf diese Holzarbeiten machen, sagt die Künstlerin.

Der Weg führt zurück zur Frau auf der Parkbank, dort ein paar Schritte auf dem rechts abzweigenden Pfad und gleich darauf vor dem Fußballfeld links. Wenig später überwölbt den Weg der „Bogen der Partnerschaft" als Symbol für die Verbundenheit Baunatals mit seinen vier Partnerstädten. Nahebei eine Halfpipe für Inlineskater.

Am „Virer Platz", benannt nach der französischen Partnerstadt Vire, liegt das Vereinslokal des Baunataler Eishockeyclubs „Pinguine". Es folgt ein Parkplatz, und an der „Rundsporthalle" vorüber führt der Weg zurück zum Parkplatz an der Theodor-Heuss-Schule.

i

Der Weg zum Skulpturenpfad:
In der schulfreien Zeit, an Wochenenden und in den Ferien, ist der Parkplatz an der Theodor-Heuss-Schule ein guter Ausgangspunkt. Zur Skulpturengruppe Hiob führt der Weg rechts am Schulgebäude vorbei. Unten auf der Wiese ist das Kunstwerk leicht zu erkennen. Links an Hiob entlang geht's zur Skulptur „Quo vadis?".

Baunatal:

Stadtteile:
Altenbauna, Altenritte, Kirchbauna, Großenritte, Hertingshausen, Rengershausen, Guntershausen

Daten:
28 000 Einwohner, 147 – 440 m über dem Meer

Partnerstädte:
Vire in Frankreich, Sangerhausen in Sachsen-Anhalt, San Sebastian de los Reyes in Spanien, Vrchlabi in Tschechien

Stadtwappen:
Es zeigt vier Kreise (für die vier Gründungsgemeinden) von einem geöffneten grauen Kreis (Stadtverwaltung) umschlossen.

i

Historische Persönlichkeiten:
Im November 1755 kam in Rengershausen im Brauhaus Knallhütte Katharina Dorothea Pierson zur Welt. Mit 22 Jahren heiratete sie den Schneider Nikolaus Viehmann aus Niederzwehren. Sie ist die „Märchenquelle" der Brüder Grimm. Ihnen erzählte sie im Jahr 1814 viele Geschichten, die sie wohl bei den Fuhrleuten gehört hatte, die regelmäßig in der väterlichen Wirtschaft an der alten Frankfurter Straße einkehrten.

Sport- und Freizeitbad Aqua-Park:
Die verschiebbare Dachkonstruktion macht im Sommer die Freibadesaison möglich, 85 m lange Doppelrutsche, Erlebnisbecken mit Grotte und Wasserfall, Badepilz, Schwimmerbecken, Springerbecken, Lehrschwimmbecken, Planschbecken, Sauna, Solarium, Tauchbecken, Ruheräume, Restaurant

Auskünfte: Telefon 05 61/49 99 30

Stadtmuseum:
am Mühlenweg in Altenritte
Es zeigt die Geschichte Baunatals im 20. Jahrhundert mit dem Schwerpunkt auf der Industrialisierung der Region. Vor allem wird auf das „Wirtschaftswunder-Phänomen VW-Käfer" in den 50er und 60er Jahren des vorigen Jahrhunderts eingegangen.
Auskünfte: Telefon 05 61/4 99 21 37

Hessenstube und Alte Schmiede:
an der Ritterstraße in Altenritte
mit Mobiliar, Wäsche und Gerätschaften aus dem 19. und dem 20. Jahrhundert
Auskünfte: Telefon 05 61/49 92-1 37

Wirtshaus Knallhütte:
Im Geburtshaus der Märchentante der Brüder Grimm sind zahlreiche Märchenmotive als Scherenschnitte zu sehen.

Auskünfte: Telefon 05 61/49 20 76

Skulpturen:
Außer den steinernen und hölzernen Objekten am Skulpturenpfad sind weitere Kunstarbeiten über die anderen Baunataler Stadtteile verstreut. Im Verkehrsverein Baunatal gibt's einen bebilderten Führer zu allen Werken.

i

Auskünfte:	Verkehrsverein Baunatal Marktplatz 14, 34225 Baunatal Telefon 05 61/49 92-2 10 Internet: www.baunatal.de
Mit dem NVV:	Linie Tram/Bus 2, 5, 50, 51, 53, 54, 55, 56, 57, 58, N52

„Quo vadis?", fragt's am Baunataler Skulpturenpfad

Pfade zum Rumpelstilzchen

Zum Rumpelstilzchen führt eine kurze Wanderung über den St.-Ottilien-Berg. Nicht grad zu dem kleinen Haus, vor dem, wie die Brüder Grimm erzählen, ein Feuer brannte, „um das herum ein gar zu lächerliches Männchen sprang, auf einem Bein hüpfte und schrie:

Heute back' ich, morgen brau' ich,
übermorgen hol' ich der Königin ihr Kind;
ach, wie gut, daß niemand weiß,
daß ich Rumpelstilzchen heiß'!"

Das Männchen selbst wird nicht auftreten. Aber ein Stück weit wird auf dem „Märchenlandweg" gewandert, von dem der Rumpelstilzchenpfad ein Teil ist. Und an seinem Anfang steht zumindest schon mal ein Stein mit dem hüpfenden Männlein.

In *St. Ottilien* beginnt die Wanderung. An diesem heute zu Helsa zählenden Ort hat vor gut 300 Jahren Landgraf Karl zu Hessen 14 französische Familien mit alles in allem 55 Köpfen angesiedelt. Sie hatten als Hugenotten, protestantische Glaubensflüchtlinge, ihr Vaterland unter Lebensgefahr verlassen und in evangelischen Nachbarländern Schutz und Hilfe gesucht, so auch in Hessen.

Ihren fast verwehten Spuren folgt diese Wanderung auf einem nicht immer leicht zu entdeckenden Weg, gute sechs Kilometer lang. Die Route ist mit dem *gelben O* vorwiegend an Bäumen – reichlich, aber nicht überall gleich gut sichtbar – markiert.

Die Runde startet am „Colonistenhaus" bei der Kirche von St. Ottilien. Dort klärt eine erste Schautafel am „Spritzenhaus" schon mal über die Hugenotten und ihr Dorf auf. Die Wanderung führt dann zur „Dorfstraße" hinüber und auf ihr rechts Richtung „Eschenstruth". Nach gut 300 Metern auf der Dorfstraße geht's mit dem *gelben O* links die „Schöne Aussicht" hinauf und bald zum Ort hinaus.

Nach einem halben Kilometer, zumeist bergan, steht am Weg Station 2, der *„Meiselmannstein"*. Der erinnert mit ein paar feinen Verslein an einen 1579 von einem Ritter erschlagenen Schäfer. Vor diesem Denkstein führt die Wanderung links auf dem Feldweg weiter, der bald ein Grasweg wird.

Die Aussicht ist großartig. Links hinüber bis zu den Sendemasten auf dem Hohen Meißner. Drunten im Tal liegt still und wie verlassen St. Ottilien.

Ein Schotterweg läuft ans andere Dorfende und zur Fahrstraße, auf der die Wanderung rechts hinaufführt zu einer Informationstafel. Das *O* bringt die Wanderer gradaus in den Wald. Wildschweinspuren künden von nächtlicher Wühlarbeit. Nicht ungewöhnlich, wenn an dieser Stelle ein paar Rehe den Weg verstellen.

Zwei Kilometer insgesamt sind gegangen, wenn nun gleich das *O* erst rechts und bald wieder links leitet, dann immer gradaus und den Berg hinauf. Station 3 liegt rechts am Weg, trägt den Namen *„Zollstock"*, weil hier einst Wegzoll erhoben wurde.

Auf den dürftigen Resten der Jahrtausende alten Handelsstraße *„Via regia Lusatia"*, dem „Lausitzer Königsweg", geht's nun links bergab und nach 300 Metern über die Fahrstraße. Drüben trifft der Wanderer aufs Rumpelstilzchen.

Es markiert den Anfang des nach ihm benannten Teilstücks des Märchenlandwegs. Das F an manchem Baum steht für *„Franzosenweg"*, der in der einen Richtung nach Hessisch Lichtenau führt, in der andern auf Kaufungen zu.

An der *„Sängerbuche"* mit Grillplatz, Schutzhütte und ein paar Sitzmöbeln ist mit drei Kilometern knapp die Hälfte der Wanderstrecke zurückgelegt. Ein etwas feuchter Grasweg steigt bergan und scheint nach ein paar hundert Metern im Nichts zu enden. Das täuscht. Das *O* ist immer noch da. Nur muss nach ihm gesucht werden.

Der Weg wird wieder trocken, die *O*-Zeichen mehren sich, begleiten bald einen Fußpfad zur Station 5. Dort stand einst auf der Anhöhe die Kapelle St. Ottilia, die der ganzen Gegend den Namen gibt. Auch eine Raststätte soll es gegeben haben, wenig abseits der alten Handelsstraße, die im Grund vorüberführte. Im 11./12. Jahrhundert soll hier eine kleine Burganlage bestanden haben.

Nach dem einstigen Kapellenplatz geht's recht steil gute 200 Meter weit den Hang hinab. Drunten auf dem Fahrweg führt das *O* links weiter. Die Wegstationen 6, 7, 8 und 9 werden passiert, Plätze, an denen einst Glas und Keramik hergestellt wurden, wo auch Kohlenmeiler schwelten.

Bald verlässt nun der Wanderweg den Wald, geht in ein Asphaltsträßchen über, kommt am Sportplatz vorbei und endet nach 6,3 Kilometern am *„Spritzenhaus"* von 1843. Vielleicht noch ein Blick auf die Grabstätte von Vater und Sohn Weber, die in St. Ottilien einst Ortsvorsteher waren, „Freunde lieber, braver Menschen und Väter der Armen", wie die Inschrift auf dem Stein festhält.

i

Helsa

Ortsteile:
Eschenstruth, Helsa, St. Ottilien, Wickenrode

Daten:
6 000 Einwohner, 250 – 650 m über dem Meer

Partnerstädte:
Krimpen aan de Lek in den Niederlanden, verschwistert mit Trèbes in Südfrankreich

Ortswappen:
Das Wappen trägt für jeden Ortsteil ein Symbol. Rechts auf blauem Grund steht die Hälfte einer Esche für den Ortsteil Eschenstruth. Die silberne Glocke auf der linken Seite steht für Helsa in Erinnerung an den Glockenstreit im 17. Jahrhundert. Die Glocke trägt in Blau den Hahn der heiligen Ottilie für St. Ottilien. Das silberne Gläsnerzeichen unterhalb der Glocke steht für Wickenrode, in dem einst die Gläsner (Glasmacher) ihr Handwerk ausübten.

Ortsrundgang:
Auf Anmeldung gibt's für Gruppen eine sachkundige Führung durchs Fachwerkdorf mit Bauten aus 4 Jahrhunderten mit Willi Siegert.

Auskünfte: Telefon 0 56 05/27 36 oder
Telefon 0 56 05/33 95 (Winfried Rode)

Freibad:
im Ortsteil Helsa, Sportplatzweg 6

Auskünfte: Telefon 0 56 05/10 69

Grillplätze:
Ortsteil Helsa Grillhütte im Hergesbachtal, Anmeldung beim Verkehrsverein Helsa, Telefon 0 56 05/45 13 oder /49 90
Ortsteil Eschenstruth, überdachte Grillanlage in der Hollerbach
Ortsteil St. Ottilien, Grillhütte am Besenborn

Erholungsgebiet:
„Hergesbachtal" südöstlich des Ortsteils Helsa mit Parkplatz, Schutzhütte, Grillanlage, Fischteichen, Rundwanderwegen, Waldlehrpfad

Wandern:
Geführte Wanderungen, Waldlehrpfad

Naturdenkmal:
„Bilstein-Kirche", bis zu 15 m hohe Basaltsäulen östlich des 528 m hohen Bilstein, vermutlich eine Opferstätte in vorchristlicher Zeit

Historisches Mühlrad:
Schauanlage Klein-Wasserkraftwerk, im Ortsteil Helsa, Leipziger Straße 40, Anmeldung unter Telefon 0 56 05/27 36

Königsbrunnen:
Alter Ziehbrunnen aus der Gründungszeit des Dorfs, restauriert 1989

Auskünfte: Verkehrsverein Helsa
Berliner Straße 10, 34298 Helsa
Inge Küllmer:
Telefon 0 56 05/21 07
Telefax 0 56 05/92 69 91
Ute Ahrens:
Telefon/Fax 0 56 05/23 80

Mit dem NVV: Linie Bus/Tram 4, N4, 200, 205, 206

Wehrkirchturm in Helsa aus dem 13. Jahrhundert

Vom Erdboden verschluckt

Schreckliches ist geschehen am 1. Juli 1958 bei den „Kripplöchern" draußen vor dem Dörfchen Frankershausen. Der Maurer Schill, der nebenher etwas Landwirtschaft betrieb, war am frühen Abend mit Frau und Kind und zwei Kühen auf dem Feld. Gras wollten sie holen. Der Wagen war schon beladen und Schill wollte eben sein Fuhrwerk heimwärts lenken. Da brach vor seinen Augen eine der Kühe in den Erdboden ein.

Schill riss den Tieren blitzschnell das Zaumzeug ab: Beide wollte er vom Wagen fort und auf festen Grund zerren. Zu spät. Vor des Maurers Füßen tat sich ein ständig größer werdendes Loch im Boden auf. Bald mehr als einen Quadratmeter. Darin verschwanden beide Tiere. Schill war fassungslos. Die einzigen Kühe, die er besaß und die er für seinen Lebensunterhalt brauchte, vom Erdboden verschluckt.

Vielleicht hätte der Maurer und Landwirt Schill wissen können, dass er auf gefährlichem Boden wirtschaftete. Die Gegend, in der er sein Grünfutter holte, hieß schließlich seit altersher schon „Kripplöcher". Nicht weit davon liegen die „Hielöcher". Beides heute Naturschutzgebiete. Sprachforscher erklären, dass sich Wörter wie Kripp-, Hie- oder auch Hü-Löcher von Krippe für Vertiefung und von Höhlung herleiten. Gemeint sind damit Erdfälle oder Dolinen.

Solche Löcher im Boden entstehen, wenn im felsigen Untergrund wasserlösliches Gestein ausgewaschen wird. Nur das festere Gerippe bleibt stehen. Der Druck darüber lagernder Erdschichten kann dazu führen, dass der Hohlraum einstürzt und sich ein Erdfall bildet, eine Doline. Oder eben eine Kuh tritt drauf und bricht ein.

In solch ein Loch waren Schills Kühe gestürzt. Sie wurden nie gefunden, müssen sich wohl noch im Fallen gleich tödlich verletzt haben. Spätere Untersuchungen haben ergeben, dass sie in ein gut 30 Meter tiefes Loch geraten waren. Die Stelle, an der das Unglück geschah, heißt bis heute das „Kuhloch".

Der Weg zu den Kripp- und Hielöchern

Am Sportplatz von Frankershausen, Ortsteil von Berkatal südwestlich Bad Sooden-Allendorf, erklärt eine Informationstafel, wie die Karstlandschaft rundum entstanden ist. Die beiden Naturschutzgebiete Kripplöcher und Hielöcher sind ebenfalls dargestellt. Die Pfade dorthin sind eingezeichnet. An den drei unterschiedlich langen Rundwegen von drei, acht und zwölf Kilometern durch die Hielöcher geben weitere Tafeln Aufschluss über Landschaft, Pflanzen- und Tierwelt.

Ein Kästchen an der Tafel bewahrt stets einige 16 Seiten starke Heftchen, in dem das Forstamt Bad Sooden-Allendorf den Hielöcher-Lehrpfad beschreibt und auch vom schrecklichen Schicksal der Schillschen Kühe berichtet.

i

Auskünfte:	Forstamt Bad Sooden-Allendorf Waldisstraße 12, 37242 Bad Sooden-Allendorf Telefon 0 56 57/95 89-0 Telefax 0 56 57/95 89-40
Mit dem NVV:	Linie R7, Bus 213, 215, 216

Achtung! Die Kripp- und Hielöcher sind gefährlich!

Besuch bei Frau Holle

„Eine Witwe hatte zwei Töchter", beginnen die Brüder Grimm ihr Märchen von der Frau Holle, „davon war die eine schön und fleißig, die andere hässlich und faul". Die Geschichte ist bekannt, auch wie sie ausgeht. Das fleißige, schöne Mädchen kehrt aus dem Haus der Frau Holle mit Gold überschüttet heim. Die faule und hässliche Tochter aber wird mit Pech übergossen, das an ihr hängen bleibt, solange sie lebt.

Am „Hohen Meißner" liegt der *„Frau-Holle-Teich"*. Grad an der „Deutschen Märchenstraße", die von Bad Sooden-Allendorf und von Eschwege her über den Berg nach Hessisch Lichtenau führt. Doch ob sich die Geschichte der Brüder Grimm genau dort zugetragen hat, weiß niemand zu sagen. Die Leute rund um den Berg erzählen von der Frau Holle eine andere, wenn auch ähnliche Geschichte.

Auch die Frau Holle am Hohen Meißner tut den Menschen mal Gutes, mal Böses. Mancher will sie schon gesehen haben, wie sie im Teich badete. Gern zieht sie Kinder in ihr Wasser, heißt es, die guten macht sie zu Glückskindern, die bösen schickt sie hässlich und missgestaltet zurück. Frauen, die zu ihr hinuntersteigen, macht sie gesund. Kinder werden in ihrem Teich geboren. Frau Holle trägt sie selbst an Land.

Tief drunten im Wasser hat sie ihren Garten, in dem Blumen und Obst wachsen. Auch Kuchen gibt's in Fülle. Alles teilt sie gern aus an freundliche und hilfsbereite Menschen. Sie selbst führt einen ordentlichen, sauberen Haushalt. Und wenn sie ihre Betten klopft, stieben die Flocken davon, dass es bei den Menschen schneit. Regelmäßig geht die Frau Holle im Land umher und macht, dass die Äcker fruchtbar sind. Aber manchmal erschreckt sie die Leute auch, wenn sie an der Spitze eines tobenden Heeres durch den Wald am Hohen Meißner fährt.

Waldlernpfad zur Kalbe

Genau am Frau-Holle-Teich beginnt ein *Waldlernpfad*, der mal mehr, mal weniger anstrengend auf den Gipfel der „Kalbe" führt. Unaufdringlich erklären Tafeln auf 14 Stationen am Weg die umliegende Natur. Sie schildern die Geschichte des Bergbaus am Meißner, erzählen vom Wasserhaushalt im Berg und regen an, selbst mal mitzumachen beim Beobachten der Landschaft und dabei die eigenen Sinne recht zu gebrauchen.

Badezeug muss nun allerdings niemand mitnehmen zur Frau Holle. Das Wasser ihres kleinen, immerhin neun Meter tiefen Teichs bleibt ständig neun Grad kalt. Es kommt zum großen Teil aus einer Quelle drunten im Grund. Genau so kalt ist auch das Wasser an der Eisquelle, der dritten Station des Waldlernpfads.

Frau Holle wacht über ihren Teich am Hohen Meißner

Hoher Meißner
an seinem Hang liegt das Dorf Meißner

Ortsteile:
Alberode, Abterode, Germerode, Vockerode, Weidenhausen, Wellingerode, Wolfterode

Daten:
4 000 Einwohner, 285 m über dem Meer

Ortswappen:
Das Wappen der Gemeinde Meißner geht auf die Grafen von Bilstein zurück, in deren Besitz einst alle heutigen Ortsteile standen. Es zeigt 3 aufgerichtete Beile im Maßstab 2 : 1, wobei die beiden oberen voneinander abgekehrt sind. Aus dem Siegel des ehemaligen Prämonstratenserinnenklosters Germerode wurde die Lilie als Zeichen der Jungfräulichkeit mit einer Krone darüber als Symbol der Himmelskönigin übernommen. Bezug nehmend auf den Berg Meißner als Namensgeber der Gemeinde wurde in den Schildfuß ein Dreiberg aufgenommen.

Freizeitanlage:
Rehberg in Abterode mit Grillhütte, Spielplatz, Wassertretstelle

Auskünfte: Otto Beier, Telefon 0 56 57/4 40

Grillen:
Grill beim Festplatz in Germerode, nur nach Voranmeldung unter Telefon 0 56 57/7 85 21

Tierpark:
Wild- und Erholungspark in Germerode mit heimischen Tierarten, Volieren, zwei Fischteichen, Abenteuerspielplatz, Schach- und Mühlespiel, Wanderwegen, Ruhebänken im Ortsteil Germerode mit Erlebnismuseum „Waldwichtelhaus“

Öffnungszeiten:	April bis Oktober	
	dienstags bis sonntags	10.00 – 18.00 Uhr
	November bis März	
	samstags, sonntags	
	und feiertags	10.00 – 17.00 Uhr
	15. Dezember bis 15. Januar	geschlossen
Einkehr:	„Wildparkstube“	
Auskünfte:	Telefon 0 56 57/75 91 und 0 56 51/33 19 86	

Besucherbergwerk „Grube Gustav“:
im Höllental in Abterode
Im Bergwerk ist es das ganze Jahr über nur 10° C warm (oder kalt?). Bitte dran denken und warm anziehen.

Öffnungszeiten:	15. März bis 31. Oktober	
	dienstags bis sonntags	13.00 – 16.00 Uhr
	Führungen ab mindestens sechs Teilnehmern, Dauer rund 1 Stunde. Für Gruppen ab 15 Personen und Schulklassen wird das Bergwerk bei Voranmeldung auch vormittags geöffnet.	
Auskünfte:	Anmeldung unter Telefon 0 56 57/75 00	

Auskünfte: Tourist-Information
gemeinsam für Eschwege, Meißner, Meinhard, Wanfried
Hospitalplatz 16, 37269 Eschwege
Telefon 0 56 51/33 19-85 und -86
Telefax 0 56 51/5 02 91
e-Mail: tourist-information@eschwege.de
Internet: www.werratal-tourismus.de

Mit dem NVV: Linie 222, 229

Die Deutsche Fachwerkstraße

Mehr als 100 Touristikrouten zu ganz unterschiedlichen Themen und Zielsetzungen durchziehen kreuz und quer die deutschen Landschaften. Unter ihnen als eine der jüngeren Strecken die 1990 eröffnete „Deutsche Fachwerkstraße". Auf ihr Symbol, eine Gruppe aus Fachwerkbauten, trifft der Ausflügler im Märchenland der Brüder Grimm immer mal wieder. Von den neun Streckenabschnitten, in die sich die gut 2 000 Kilometer lange Gesamtroute aufgliedert, schwingen sich zwei Teilstücke über Berg und Tal rund um Kassel.

Die 135 Kilometer lange Tour „Vom Reinhardswald zum Waldecker Land" führt von Trendelburg an der Diemel über Hofgeismar, Grebenstein und Immenhausen, über Zierenberg und Wolfhagen nach Korbach und Bad Wildungen. Die zweite Route – „Vom Weserbergland zum Vogelsberg" – fährt über 198 Kilometer von Hannoversch Münden durch Eschwege, Hessisch Lichtenau und Spangenberg, über Melsungen, Fritzlar, Homberg/Efze nach Schwalmstadt, Neukirchen und Alsfeld.

Mehr als zweieinhalb Millionen Fachwerkbauten sollen noch immer in Deutschland stehen. Fachwerk hat sich in aller Stille zum heimlichen Stolz alter Städte und Dörfer gemausert, mit dem sie nun um Besucher buhlen. Sie legen ihren ganzen Ehrgeiz hinein, ihre historischen Bauwerke vom Einheitsputz zu befreien, der sie oft über Jahrhunderte hin zugedeckt hatte. Fachwerk gilt heute als elegante, zugleich bodenständige Form des Hausbaus.

Zudem wird es nun als meisterliche Handwerkskunst gewürdigt. Ganz anders noch vor wenigen hundert Jahren. Schamhaft deckten Bauherren Putz über Holz und Fach, Fachwerkhäuser galten als Bauten armer Leute. Wer auf sich hielt und Geld hatte, baute in Stein. Und wenn Stein schon unerschwinglich war oder auch gar nicht zu haben, dann sollte der Bau wenigstens ausschauen wie aus Stein gemauert und nicht wie von Holz zusammengezimmert.

Reisen längs der Fachwerkstraße bildet. Allerdings nur, wenn Zeit bleibt fürs gründliche Betrachten. Denn Fachwerk ist durchaus nicht gleich Fachwerk. Von Nord nach Süd haben sich erhebliche Unterschiede in den Konstruktionen herausgebildet. Norddeutsches Fachwerk war vor allem für große bäuerliche Hallenhäuser mit Viehställen unterm gemeinsamen Dach entwickelt worden. Es unterlag anderen Baukriterien als mittel- und oberdeutsche Entwürfe, die vornehmlich dem Wohnen der Menschen dienten und das Vieh in abgesonderte Bauten legten.

Oft sind es die kleinen, erst auf den zweiten Blick erkennbaren Feinheiten, die Fachwerk so vielseitig und zugleich anheimelnd wirken lassen. Hier zieht die Verzierung eines Eckbalkens den Blick auf sich, dort eine geschnitzte Figur. Neidköpfe, die Böses abwehren sollen, lugen aus der Wand hervor. Das Gebälk ist vielfach mit feinem Blumen- oder Rankenwerk geschmückt. Immer auch ist das Holz bemalt – zum Schutz vornehmlich, aber auch als Schmuck. Das älteste erhaltene Rathaus Hessens in Fachwerkbauweise steht übrigens in Zierenberg (siehe Kapitel 10).

i **Auskünfte:**
Deutsche Fachwerkstraße
Propstei Johannesberg, 36041 Fulda
Telefon 06 61/4 36 80
Telefax 06 61/94 25 03 66
e-Mail: info@deutsche-fachwerkstrasse.de
Internet: www.deutsche-fachwerkstrasse.de

Fachwerk in Homberg

Den Goldsuchern nach

Gut zwölf Quadratkilometer Wasserfläche misst der Edersee. Mehr als 200 Millionen Kubikmeter Wasser füllen ihn. Eine gewaltige Menge?! Der südamerikanische Urwaldstrom Amazonas transportiert genau diese Wassermassen innerhalb von 24 Stunden in den Atlantischen Ozean – das ganze Jahr hindurch und Tag für Tag. Doch der Edersee wäre wiederum groß genug, um die flussabwärts liegende nordhessische Großstadt Kassel 1,89 Meter hoch komplett unter Wasser zu setzen.

Rund 27 Kilometer ist der See lang, misst an der tiefsten Stelle 42, an der schmalsten 175 und an der breitesten 1 000 Meter. Damit zählt er zwar zu den kleineren stehenden Gewässern in Deutschland. Unter den Stauseen im Land ist er aber der drittgrößte. Mit Wasser versorgt wird er von der Eder, die früher auch Edder hieß und auf dem Ederkopf jenseits der hessischen Landesgrenze im westfälischen Rothaargebirge entspringt.

Meyers Konversationslexikon von 1897 berichtet noch, dass der kleine Fluss Gold mit sich führt. Aus diesem Edelmetall haben die hessischen Landgrafen in früheren Jahrhunderten wiederholt Münzen schlagen lassen, ihre „Edderdukaten“. Noch im 19. Jahrhundert wurde gelegentlich versucht, die Goldwäscherei wieder aufzunehmen. Es lohnte nicht.

Angelegt worden ist der Eder-Stausee in den Jahren 1908 bis 1914. Allerdings war er nicht, wie dies heute leicht scheinen mag, als Bade- und Segelrevier vorgesehen. Sein Wasser wurde für den Unterhalt des Mittellandkanals in Norddeutschland gebraucht. Dieser zwischen 1906 und – mit Kriegsunterbrechung – 1938 von West nach Ost durch das norddeutsche Tiefland gegrabene längste Kanal Deutschlands bekam anfangs das nötige Wasser aus der Weser. Damit die auch in trockenen Jahreszeiten genügend nachliefern konnte, wurde der Ederstausee gebaut. Durch Eder und Fulda strömte der Weser die jeweils benötigte Wassermenge zu.

Die Sperrmauer, die den See aufstaut, ist 47 Meter hoch, an der Sohle 36, an der Krone 6 Meter breit. Sie ist 400 Meter lang und kann nur zu Fuß oder per Rad benutzt werden. Im Zweiten Weltkrieg haben Wasserbomben ein 70 Meter breites und 22 Meter tiefes Loch in die Mauer gerissen. In der ausströmenden Flutwelle sind 68 Menschen und ungezählte Tiere ertrunken.

Gemächliche Reiterspiele am Wildpark Edersee

i

Badestrände:

Hemfurth-Rehbach:
mit Liegewiese, Kiosk, Restaurant, Grillplatz, Telefon 0 56 23/9 99 80

Vöhl-Asel-Süd:
mit Liegewiese, Kiosk, Restaurant, Grillplatz, als besonderer Spaß eine Fahrt mit der Fähre nach Asel, Telefon 0 56 23/9 99 80

Badesee:
Vöhl-Herzhausen, mit Tretboot, Beachvolleyball, Minigolf, Kinderspielplatz, Camping Teichmann, Telefon 0 56 23/2 45

Strandbad Waldeck:
mit Badestrand, für Kinder geeignet, Liegewiese, Dusche, WC, Umkleidekabinen, Kiosk, Restaurant, Spielplatz

Auskünfte: Telefon 0 56 23/9 99 80

Mit dem NVV: Linie 503, 533

Henkel-Erlebnisbad:
in Vöhl, mit Rutsche und vielerlei Spielgerät

Öffnungszeiten:	montags bis freitags	10.00 – 20.00 Uhr
	samstags und sonntags	10.00 – 19.00 Uhr

Auskünfte:	Telefon 0 56 35/3 70
Mit dem NVV:	Linie 504

Freibad:
in Waldeck-Freienhagen

Öffnungszeiten:	Mai bis August
Auskünfte:	Telefon 0 56 34/4 50

Bootsverleih:
Bootsverleih Kretschmann
Edertal-Hemfurth
Telefon 0 56 23/16 66

Kanu- und Erlebnistouren Odenhardt
Edertal-Anraff
Telefon 0 56 21/7 43 91

Windsurfing Edersee:
Edertal-Bringhausen, Telefon 0 56 23/25 82

Segelsportcenter Rehbach:
Edertal, Telefon 0 56 23/44 45 und /47 79

Wassersportcenter Sun & Fun:
Edertal, Telefon 0 56 23/44 25 und /49 01

Seefahrt:
Von Ostern bis Ende Oktober verkehren die Fahrgastschiffe „Stern von Waldeck" und „Edersee Star" nach Fahrplan. Eine ganze Runde um den See dauert von Waldeck aus 7 Stunden. Kürzere Rundfahrten brauchen zwischen 1 und 2 Stunden.

Auskünfte:
Personenschifffahrt Edersee GmbH
Ederseerandstraße 8b, 34513 Waldeck-West
Telefon 0 56 23/54 15
Telefax 0 56 23/51 49
e-Mail: personenschifffahrt-edersee@t-online.de
Internet: www.personenschifffahrt-edersee.de

Bergbahn:

Fahrzeiten:
die Seilbahn pendelt von April bis Oktober
täglich 9.30 – 18.30 Uhr
zwischen dem Edersee und dem auf dem Berg gelegenen Ort Waldeck

Auskünfte: Telefon 0 56 23/53 54

i

Sommerrodelbahn: in Nieder-Werbe

Öffnungszeiten:	Ostern bis Ende Oktober	
	täglich	9.30 – 18.00 Uhr
	im Winterhalbjahr nur bei mildem Wetter	
Auskünfte:	Telefon 0 56 34/66 46	
	Telefax 0 56 34/99 53 23	

Tierpark:

Wildpark Edersee, rund 80 ha groß mit einem 2 km langen Rundwanderweg. Im Wildpark gehen Muffel-, Dam- und Rotwild frei umher. In 14 Gehegen werden Schwarzwild, Wolf und Luchs gehalten, dazu auch Wisent, Wildpferd, Uhu, Auerhahn und Waschbär. Eine Greifvogelwarte mitten im Park, in der Steinadler, Wanderfalken, Uhu, Milan und andere gehalten werden, zeigt dienstags bis sonntags jeweils um 11.00 und um 15.00 Uhr Flugvorführungen.

Öffnungszeiten:	1. Mai bis 31. Oktober	
	täglich	9.00 – 18.00 Uhr
	1. November bis 28. Februar	
	täglich	11.00 – 16.00 Uhr
	1. März bis 30. April	10.00 – 18.00 Uhr
Auskünfte:	Telefon 0 56 23/43 70	

Kavernenkraftwerk:

Informationen zur Energiegewinnung

Auskünfte:	Telefon 0 56 23/94 83 90
	Besichtigungstermine hier erfragen

Aquapark:

Im Maßstab 1 : 200 ist nah der Staumauer der ganze Edersee als Wasserspielfläche nachgebildet mit mancherlei Überraschung. Nicht nur anzugucken, auch mitzumachen auf die Gefahr hin, nass zu werden. Ganzjährig frei zugänglich, allerdings von Oktober bis Ostern ohne Wasser in den Anlagen.

Auskünfte:	Edersee Touristik GmbH
	Sachsenhäuser Straße 10, 34513 Waldeck
	Telefon 0 56 23/99 98-0
	Telefax 0 56 23/99 98-30
	e-Mail: edersee-info@t-online.de
	Internet: www.edersee.com

„Info-Röhre“ auf der Staumauer:

Öffnungszeiten:	April bis November		
	täglich		11.00 – 17.00 Uhr
Mit dem NVV:	Edertal:	Affoldern	Linie 503, 521
		Anraff	Linie 514,583
		Bergheim	Linie 503, 512, 514, 521
		Böhne	Linie 514
		Bringhausen	Linie 521
		Buhlen	Linie 503
		Edersee	Linie 521
		Gellershausen	Linie 512
		Giflitz	Linie 503, 512, 521
		Hemfurth	Linie R 39, 521
		Kleinern	Linie 512
		Königshagen	Linie 514
		Lieschenruh	Linie 503
		Mehlen	Linie 503, 521
		Rehbach	Linie 521
		Wellen	Linie E 50, 514, 521, 583

Stättlein auff dem Berge

„Waldeck ist das Stamm- und Hauptschloss dieser gleiches Namens Graffschafft/auff einem hohen Felsen/an der Eder/und zwo Meyl wegs von der Statt Fritzlar/gelegen. Neben dem Schloss ligt dz Stättlein/auch auff einem Berge“, berichtet der Kupferstecher Matthaeus Merian in seiner 1646 erschienenen „Topographia Hassiae“.

Jeder Chronist Waldecks könnte es heute fast genau so ausdrücken. Wenig nur hat sich seither geändert über die Jahrhunderte hin an „Schloss und Stättlein“. Wohl aber an der Umgebung. Wo Merian das Flüsschen Eder nennt, müsste der Schreiber heute vom Edersee berichten. Der Stausee hat die Landschaft unterhalb des Schlosses doch stark verwandelt (siehe Kapitel 31).

Schon im Jahr 1120 wird Waldeck in einer Urkunde genannt. Bis 1665 war es Sitz der Grafen von Waldeck. Später wurde es zweckentfremdet, wurde Waffenlager der hessischen Landgrafen, war zeitweilig Getreidelager. Es wurde Landesstrafanstalt, Gefängnis also. Vorübergehend waren auch Kriegsgefangene untergebracht, später eine Försterei. Diese Zeiten sind vorüber.

Schloss Waldeck steht heute allen Besuchern offen. Ein Hotel samt Restaurant ist eingezogen. Vom Altan, der hoch gelegenen Schlossterrasse, bietet sich ein bestechender Ausblick über einen großen Teil des Edersees, hinüber zur Staumauer und zu den bewaldeten Höhenzügen des Waldecker Landes. Zwei Geschütze, im Jahr 1862 gegossen und im deutsch-französischen Krieg von 1870/71 erbeutet, „sichern“ gut 200 Meter oberhalb des Edersees die Terrasse.

Ebenfalls auf dem Altan steht ein Pranger einschließlich Halseisen, wie sie früher gebraucht wurden, um Übeltäter öffentlich bestrafen, „anprangern“ zu können. Das Waldecker Exemplar ist allerdings neueren Datums. Es wurde von Korbacher Lehrlingen gebaut.

Der Weg zum Schloss hinauf führt am Burgbrunnen vorüber. Graf Johann I. hat ihn Mitte des 16. Jahrhunderts in den Fels des Burgbergs hauen lassen – bis hinunter in eine Tiefe von 120 Metern. Wasser war auf Burgsitzen immer knapp (siehe Kapitel 24). Auch dieser Brunnen dürfte nicht gereicht haben, die Burgbewohner ausreichend zu versorgen. So musste Wasser denn weiterhin Jahrhunderte hindurch von der Eder auf Karren den Berg hinaufgeschafft werden.

Blick vom Altan des Schlosses Waldeck auf den Edersee

Waldeck

Stadtteile:
Alraft, Dehringhausen, Freienhagen, Höringhausen, Netze, Nieder-Werbe, Ober-Werbe, Sachsenhausen, Selbach

Daten:
8 000 Einwohner, 250 m über dem Meer

Stadtwappen:
In Anlehnung an den achtstrahligen Stern der Fürsten zu Waldeck trägt das Stadtwappen einen sechsstrahligen schwarzen Stern auf goldenem Grund.

i

Strandbad Waldeck:
Badestrand am Edersee, für Kleinkinder geeignet, mit Liegewiese, Kinderspielplatz

Öffnungszeiten:	Mai bis August	
	täglich	10.00 – 18.30 Uhr
Auskünfte:	Telefon 0 56 23/9 99 80	

Bootsverleih:
Segelschule Rudolph vermietet Segelboote, aber auch Kanus, Paddelboote, Surfbikes, Telefon 0 56 23/60 60
Bootsverleih Andree, Waldeck, Telefon 0 56 23/54 26

Museum:
Burgmuseum, mit der Ausstellung „Hinter Schloss und Riegel", die der Zeit von 1734 bis 1868 gewidmet ist, als Waldeck Landesstrafanstalt war. Gruppenführungen dauern 30 bis 40 Minuten. Sie werden, wenn Kinder mitgehen, auf die kleinen Gäste abgestimmt. Einzelbesucher erhalten einen elektronischen Begleiter.

Auskünfte: Telefon 0 56 23/58 90

Ritterspiele: im Burghof
Vorführungen: August
täglich (außer freitags) 11.30 Uhr, 14.00 Uhr und 16.00 Uhr

Uferpromenade:
An der Talstation der Waldecker Bergbahn liegt die „Welt der Sinne". Auf der Parkpromenade kommen Besucher mit Fühlen, Tasten, Sehen, Riechen den Phänomenen der Natur auf die Spur. Dabei für Kinder ein hölzerner Kletterwald einschließlich Hochsitz. Die Anlage ist ständig frei zugänglich.

Auskünfte: Edersee Touristic GmbH
Sachsenhäuser Straße 10, 34513 Waldeck
Telefon 0 56 23/99 98-0
Internet: www.waldeck.de

Mit dem NVV: Linie 503, 533

Hier irrte der Landgraf

Hessisch Lichtenau ist vor mehr als 700 Jahren gegründet worden. Als befestigte Stadt auf einer „lichten Aue" planmäßig angelegt vom hessischen Landgrafen Heinrich I. Den Platz hat der Landesherr, erzählen die Leute, eher zufällig entdeckt. Er hatte sich angeblich in den bewaldeten Ausläufern des „Riedforsts" verlaufen.

Ein Bauer, der zufällig daherkam, half dem Fürsten aus seiner Verlegenheit und führte ihn aus dem Dickicht. Dort, wo er auf die Waldlichtung hinaustrat, ließ Heinrich die neue Stadt bauen, heißt es. Nun lässt sich aber dennoch streiten, woher der Name Lichtenau tatsächlich kommt. Manche sagen, von der „lichten Aue", auf die der Bauer den Landgrafen geführt hatte.

Andere behaupten, der Bauer habe ja eine Laterne dabei gehabt, in deren Lichtschein beide aus dem Wald fanden. Nun könnte also auch das Licht der Laterne den Namen begründen. Vielleicht gar die von der Laterne „belichtete Aue". Jedenfalls prangt hoch droben am Giebel des Lichtenauer Rathauses gut sichtbar das Wahrzeichen der Stadt: Ein Löwe, der eine Laterne in der Pranke trägt.

Wie auch immer – der Landesherr hatte mit der Anlage des Städtchens sicher zweierlei im Sinn. Zum einen sollten die Bewohner der einsam gelegenen und ständig von Überfällen bedrohten Dörfer im westlichen Vorland des Meißner in einer mit starken Mauern und Türmen befestigten Stadt in größerer Sicherheit leben.

Andererseits hat der Landgraf sein Lichtenau nicht einfach irgendwo in die Landschaft gesetzt. Er wählte den Kreuzungspunkt zweier uralter Handelsstraßen – der Sälzer- und der Leipziger Straße. Ein solcher Warenumschlagplatz und Marktflecken brachte Geld in die Stadtkasse und damit immer auch in des Landgrafen Schatulle.

Bummeln durch Altstadtgassen

Ein Blick auf den Hessisch Lichtenauer Stadtplan lässt gleich erkennen, dass hier planmäßig gebaut wurde. Im großen Oval umschließt die schützende Wehrmauer mit ihren Türmen den ganzen Stadtkern. Parallel zu ihr verlaufen in einigem Abstand „Kirchstraße" und „Burgstraße". Die „Landgrafenstraße" führt in ganzer Länge durch die Altstadt. Sie verband einst die außerhalb der Stadt verlaufenden Handelsstraßen untereinander.

Ein kurzer Rundgang durch den Ort beginnt am „Alten Rathaus" von 1654. Der Vorgängerbau war im Dreißigjährigen Krieg untergegangen, ebenso die Mehrzahl der Wohnhäuser. Die Verwaltung residiert heute im „Neuen Rathaus", das einst als „Königlich Preußisches Amtsgericht" erbaut wurde. Die gotische Pfarrkirche stammt aus dem späten 15. Jahrhundert.

Der Gang führt die „Landgrafenstraße“ hinauf und endet erst mal am runden, von dichtem Efeu bewachsenen Wehrturm, einst zum Schutz des oberen Stadttors erbaut. Zwanzig Schritte vor dem Turm geht's rechts in der „Burgstraße“ weiter. Nach hundert Metern steht links am Weg der Junkerhof an der Stelle einer hier 1413 abgetragenen Burg.

An der Wand über dem „Brauplatz“ gegenüber „Burgstraße 31“ wird beredt beklagt, wie der Staat Preußen 1868 den hessischen Bierbrauern die Lizenz entzog. Das „Quenteler Tor“ überragt noch im-

Nachtwächter in Hessisch Lichtenaus Altstadtgassen

mer ein Wehrturm, der wohl auch den vor der Stadtmauer liegenden großen Spielplatz „schützt".

Hier und da fällt der Blick in kleine Seitengassen, auch auf Fachwerkbauten mit verzierten Eckbalken. Gelegentlich ein Wandbild. Die „Burgstraße" endet an der „Landgrafenstraße". Die Wanderung geht jenseits weiter in der „Kirchstraße". Manches alte Haus harrt hier seiner Sanierung. Wieder am Alten Rathaus steht noch die Erklärung aus, wie die Hessisch Lichtenauer zu ihrem Beinamen „Karpfenfänger" kamen.

Die Lichtenauer Karpfenfänger

Das Bild links unten am vorgebauten dreistöckigen Rathauserker zeigt einen Angler mit Esel, den Lichtenauer Karpfenfänger eben. Das kam so: Ein Lichtenauer Bürger, zurück auf dem Weg von Spangenberg her, hatte seinem Esel einen Sack ungelöschten Kalk aufgeladen. Es begann zu regnen. Der Kalk wurde nass und „reagierte", wie es sich gehört. Er ging in Löschung über und erhitzte sich dabei. Dem Esel verbrannte es das Fell. Der Lichtenauer reagierte ebenfalls und trieb den Esel in einen Teich. Das Wasser sollte den Brand löschen. Der Esel überlebte die Prozedur nicht, legte sich zur Seite, starb und versank im Teich.

Tage drauf zogen Lichtenauer Fischer mit dem Netz ans Wasser, warfen es aus und hofften, einen großen Fang zu tun. Dem Gewicht nach, das am Netz zog, mussten sich bald mindestens ein halbes Dutzend schwerster Karpfen drin verfangen haben. Doch fand sich, als die Last endlich an Land war, nur der unglückliche Esel drin. Seither sind die Lichtenauer für alle Welt die Karpfenfänger. Sie nehmen's mit Humor, wie das Bild an der Ratshauswand belegt.

i

Hessisch Lichtenau

Stadtteile:

Friedrichsbrück, Fürstenhagen, Hausen, Hessisch Lichtenau, Hollstein, Hopfelde, Küchen, Quentel, Reichenbach, Retterode, Velmeden, Walburg, Wickersrode

Daten:

14 000 Einwohner, 400 m über dem Meer

Stadtwappen:

Es zeigt drei Türme auf grüner Ebene. Der Hauptturm ist rund mit Spitzdach. Die Nebentürme sind viereckig mit Satteldach. Die untere Hälfte des Wappens deckt ein aufgelegter, quergeteilter Schild, in dessen unterem Feld der rechtsgewandte, hessische, ungekrönte Löwe – mit der Laterne in den Vorderpranken – schreitet, während das obere Feld Rosen zeigt.

Hallenbad:
Freiherr-vom-Stein-Straße 12
Schwimmerbecken, Nichtschwimmerbecken, Babybecken mit 32° C Wassertemperatur, Elefantenrutsche für Kleinkinder, Sprunganlage, Liegestühle, Solarium, Sonnenterrasse, Cafeteria, donnerstags Warm- und Langbadetag (30° C), freitags Warmbadetag (30° C), samstags Familien- und Spaßtag

Öffnungszeiten:	montags	15.00 – 20.00 Uhr
	dienstags	geschlossen
	mittwochs	15.00 – 20.00 Uhr
	donnerstags	9.00 – 21.00 Uhr
	freitags	8.00 – 13.00 Uhr
	und	15.00 – 20.00 Uhr
	samstags	
	Familien-/Spaßtag	12.00 – 18.00 Uhr
	sonntags	8.00 – 13.00 Uhr
Auskünfte:	Telefon 0 56 02/13 14	

Wandern:
Markierte Wanderwege über gut 200 km

Altstadt:
Mit Wehrtürmen aus dem 15. Jahrhundert, Fachwerkhäuser, Stadtkern mit Rathaus von 1654 und gotischer Pfarrkirche aus dem 15. Jahrhundert

Romanische Kirche:
aus dem 12. Jahrhundert in Reichenbach, dabei ergrabene Fundamente aus der Zeit ums Jahr 1000

Große Steine:
die größten Dolomitfelsen Nordhessens nahe Reichenbach

Auskünfte: Kultur- und Verkehrsamt Hessisch Lichtenau
Landgrafenstraße 52, 37235 Hessisch Lichtenau
Telefon 0 56 02/80 71 80
Telefax 0 56 02/80 71 48
e-Mail: kultur-verkehrsamt.heli@kgrz-kassel.de
Internet: www.hessisch-lichtenau.inf

Mit dem NVV: Linie E 39, 200, 205, 260, 261, 262, 444

Frau Holles Expresszug

Es war einmal eine Zeit, da herrschte am westlichen Hang des Hohen Meißner tagein tagaus lebhafter Eisenbahnverkehr. Ein knallroter Triebwagen rollte als „Frau Holle Express“ durch die Landschaft. Von Kassel her brausten die Züge über Hessisch Lichtenau, Walburg und Waldkappel nach Eschwege und zurück. Das winzige Dorf Walburg, heute Stadtteil von Hessich Lichtenau, war ein richtig bedeutender Eisenbahnknotenpunkt.

Von Walburg aus führten Gleise zur ehemaligen Munitionsfabrik Hirschhagen und zu den Zechen Hirschberg und Glimmerode. Großalmerode-West wurde angefahren. Über Großalmerode-Ost bestanden Fernverbindungen nach Witzenhausen im Werratal und darüber hinaus nach Göttingen. Übers nahe gelegene Waldkappel fuhr die „Kanonenbahn“, gebaut im 19. Jahrhundert als schnelle Verbindung zwischen Berlin und Koblenz für den Fall einer deutsch-französischen Auseinandersetzung.

Vorherrschend in Walburg aber war immer der Güterverkehr. Steine, Zement, Kalk, Kohle wurden transportiert. Das Ende der Bahnen am Meißner kam – wie an anderen Orten in Deutschland auch – in den sechziger und siebziger Jahren des 20. Jahrhunderts. Der flexibler zu führende Straßenverkehr machte der Eisenbahn weitgehend den Garaus.

Gerade noch rechtzeitig hat sich 1993 ein Verein gegründet, der zumindest den Bahnhof Walburg retten will, möglichst auch den Gleisanschluss nach Kassel. Denn was taugt eine Bahnstation, die kein Zug anfahren kann. Innerhalb kurzer Zeit hat sich der Verein „Eisenbahnfreunde Walburg“ eine umfangreiche Sammlung historischer Lokomotiven, Trieb- und Personenwagen, auch Güterwaggons angeschafft.

Der „Erlebnisbahnhof Walburg“ ist noch im Heranwachsen. Mit seinen Gleisanlagen und Gebäuden ist er schon mal unter Denkmalschutz gestellt. Er mausert sich zu einem kleinen Eisenbahnmuseum. Die Bahnfreunde werkeln ununterbrochen am weiteren Ausbau. Sie veranstalten Bahnhofsfeste und Sonderzugfahrten, führen Besucher durch ihre Anlagen. Dort steht neben dem noch immer fahrbereiten „Frau Holle Express“ gelegentlich auch der Sonderzug Erich Honeckers, des letzten Staatspräsidenten der DDR.

Ein eigener Express-Zug für Frau Holle in Walburg

i

Erlebnisbahnhof Walburg:

Mitfahren:	Auf der Kleinbahn der Spurweite 12,7 cm oder im Führerstand einer richtigen Diesellokomotive.
Angucken:	Dampf- und Diesellokomotiven, Triebwagen, Güter- und Personenwaggons, rollende Gartenbahn
Mitmachen:	Den Ehrenlokomotivführerschein erwerben oder gar im Salonwagen des ehemaligen DDR-Sonderzugs übernachten.
Auskünfte:	Eisenbahnfreunde Walburg Bahnhofstraße 5, Bahnmeisterei 37235 Hessisch Lichtenau/Walburg Telefon 0 56 02/38 80 Telefax 0 56 02/91 91 68 Bandansage über Termine und Veranstaltungen unter Telefon 0 56 02/9 19 08 20 e-Mail: eisenbahnfreunde-walburg@web.de Internet: www.eisenbahnfreunde-walburg.de
Mit dem NVV:	Linie E 39, 200, 205, 260, 262

Mit dem Nachtwächter auf Tour

Donar, der Donnergott, je nach Gegend auch Thunar oder Thor genannt, wehrte sich nicht im Jahr 723 n. Chr. Bonifatius, vom Papst als Missionar nach Hessen entsandt, hatte es kaum anders erwartet. Nichts Dramatisches passierte, als der fromme Mann unweit des heutigen Städtchens Fritzlar die „Donareiche" mit wuchtigen Axtschlägen fällen ließ. Unheil werde heraufziehen, hatten die heidnischen Priester prophezeit, Blitz und Donner werde Donar übers hessische Land schicken. Doch der Baum fiel einfach um. Donar schwieg auch, als die ihm geweihte Eiche am Boden lag und zersägt wurde.

Bonifatius, später Missionar der Deutschen genannt, ließ das Eichenholz im Dörfchen Geismar nicht ungenutzt. Es wurde ein paar Meilen weit das Flüsschen Eder hinuntergeschafft und zum Bau einer kleinen Kirche verwendet. Ein Benediktinerkloster entstand. An der Stelle der hölzernen Kapelle steht heute der romanisch-gotische Dom von Fritzlar. Mit seinen drei Türmen überragt er weithin sichtbar die Landschaft ringsum. Ergänzt wird das ansprechende Bild von ein paar ordentlich erhaltenen Wehr- und Wachtürmen der mittelalterlichen Stadtbefestigung. Spitzgieblige Fachwerkhäuser rücken eng zusammen.

Der Nachtwächter führt durch Stadt und Geschichte

Ein Gang durch Fritzlars Altstadtgassen bringt den Besucher – bei einiger Phantasie – direkt ins späte Mittelalter. Die Stadtmauer hat zu großen Teilen die Jahrhunderte einigermaßen unbeschadet überstanden. Eine ganze Anzahl starker Mauertürme, rund und eckig, mit und ohne Dach, wachen noch immer über die Altstadt – wenn auch eher nur symbolisch.

Fritzlars Mittelalter wird wieder aufgeweckt auf der zweieinhalbstündigen „Erlebnisstadtführung" mit Stadtarchivar Clemens Lohmann. Dabei zeigt der Stadtführer nicht nur Fachwerk und gotische Steinbauten, den Dom und das Rathaus. Lohmann bringt auch Alltagsleben in einer mittelalterlichen Stadt nahe. Er lehrt, wie mit der Handspindel gesponnen, wie mit Feuerstein, Stahl und Zunder Feuer gemacht wurde, wie Met und Hirsebrei schmeckten.

Eine ähnliche Führung ist für Kinder eingerichtet. Statt Met gibt's Apfelsaft, doch Hirsebrei ist für alle und genug da. Lohmann lässt aus Bauklötzen romanische Torbogen bauen, mit der „Dreule" des Goldschmieds Löcher in Hölzer bohren.

Spannender vielleicht ist aber, was Lohmann bei Nacht anstellt. Dann lenkt er, ins historische Gewand des Fritzlarer Nachtwächters gehüllt, ausgestattet mit Laterne und Hellebarde, im Schutz der Dunkelheit einen Kindertross durch dunkle Altstadtgassen. Start ist gegen 22.00 Uhr im Stadtarchiv, wo Lohmann erst mal zeigt, wie wichtig und vielfältig das Nachtwächteramt in früher Zeit war. In alte Nachtwachbücher lässt er seine Gäste einen Blick tun. Die erkennen dabei, dass ein Nachtwächter schon auf der Hut sein musste, nahm er sein Amt denn ernst. Immerhin wurde im 17. Jahrhundert ein früher Kollege Lohmanns ermordet.

Freizeitnachtwächter Lohmann erzählt unterwegs auch manch gruslige Geschichte aus dem Alltag der Stadtbehüter. So vom toten

Brunnenspiele am Fachwerk-Marktplatz in Fritzlar

Chorherrn, der einst im Fritzlarer Dom umging. Oder wie 1868 ein Teil des südlichen Turms einstürzte und 22 Menschen tötete. Auf die Probleme des Feuerschutzes in der Vergangenheit weist er hin, als im Sommer nachts vor jedem Haus ein paar Eimer Wasser aufgestellt werden mussten, falls ein Brand ausbrach. Und Nachtwächter Lohmann singt mit seinen Begleitern das altbekannte Lied der Nachtwache „Hört ihr Leut und lasst euch sagen…“

Auf Kinderbesuche ist auch Dr. Johann-Henrich Schotten eingerichtet, Archäologe und wissenschaftlicher Leiter des Regionalmuseums im Fritzlarer „Hochzeitshaus“, Nordhessens größtem Fachwerkbau. „In der Regel führe ich Gruppen“, sagt er, „aber wenn sich's so ergibt, nehme ich auch gern eine Familie an die Hand und bringe sie zurück in die Steinzeit.“ Das dauert dann so knapp eine Stunde, stellt die 80 000 Jahre alten Überreste eines Mammuts vor, zeigt die Werkzeuge der Urmenschen und wie sie ohne Eisen und elektrischen Strom ganz gut zurechtkamen. Museumskatze Waltraud ist auf der Runde durchs Haus fast immer dabei. Und Dr. Schotten ist überzeugt, „dass keiner mein Museum dümmer verlässt, als er reingekommen ist.“

i

Fritzlar

Stadtteile:

Cappel, Geismar, Haddamar, Lohne, Obermöllrich, Rothhelmshausen, Ungedanken, Wehren, Werkel, Züschen mit der Garvensburg

Daten:

14 840 Einwohner, 220 m über dem Meer

Partnerstädte:

Burnhamon-Sea/Highbridge in Großbritannien, Casina in Italien

Stadtwappen:

Ein schräg gestelltes Doppelrad, entsprechend den Mainzer Wappen. Damit stellt Fritzlar den Bezug her zur Zugehörigkeit zum Kurfürstentum Mainz vom 11. bis 19. Jahrhundert.

Historische Persönlichkeiten:

Bonifatius als Missionar

Herzog Heinrich von Sachsen wurde 919 auf dem Reichstag in Fritzlar zum deutschen König gewählt.

Kaiser Otto der Große nahm 943 am Reichstag in Fritzlar teil.

Kaiser Heinrich II. besuchte 1020 das Provinzialkonzil in Fritzlar.

Stadtrundgang:

Einen 26 Seiten starken Stadtführer gibt's in der Touristinformation.

Stadtführung:
Nach Voranmeldung bietet die Touristinformation unter dem Thema „Stadtluft, Met und Hirsebrei“ eine zweieinhalbstündige Erlebnisführung durch die mittelalterliche Dom- und Kaiserstadt. Ebenfalls zu besonderen Themen wie „Stadtmauer“, „Fachwerk“, „Frauen“ im Mittelalter werden Führungen bereitgehalten.

Nachtwächterführung:
Sie ist – sagt die Touristinformation – vor allem gedacht für Kinder im Alter von 6 – 12 Jahren, braucht nach Voranmeldung mindestens 15 Teilnehmer und dauert 1 Stunde.

Freibad:

Auskünfte: Telefon 0 56 22/98 86 41

Grillplätze: Fritzlar, Telefon 0 56 22/98 86 62,
Geismar, Telefon 0 56 22/44 19
Haddamar, Telefon 0 56 22/43 45
Lohne, Telefon 0 56 22/91 52 06 oder /91 52 07
Obermöllrich, Telefon 0 56 22/14 46
Rothhelmshausen, Telefon 0 56 22/51 00
Werkel, Telefon 0 56 22/18 89
Züschen, Telefon 0 56 22/46 57

Minigolf:
In der Ederaue, Fritzlar

Auskünfte: Telefon 0 56 22/17 49
Handy 01 73/5 15 03 60

in Züschen, am Ortseingang

Auskünfte: Telefon 01 62/3 15 89 34

Kutschfahrten:
Stadtführung im pferdegezogenen Gesellschaftswagen für Gruppen auf Vorbestellung, 1 Stunde, 15 bis 17 Personen, Anfragen bei der Touristinformation oder unter Telefon 0 56 83/83 12 (Fuhrhalterei Döring)

Wandern:
Wanderkarte in der Touristinformation, Vogelstimmenwanderung, Telefon 0 56 22/15 39

Kaiserdom:
An die Stelle einer Holzkapelle des Bonifatius aus dem Jahr 724 setzte sein Schüler Wigbert eine erste steinerne Kirche. Im späten 11. Jahrhundert wurde der Bau der zweiten Fritzlarer Kirche am selben Platz begonnen. Sie wurde 1232 zerstört. Die dritte Fritzlarer Kirche wurde Mitte des 13. Jahrhunderts von Werkleuten aus dem pfälzischen Worms errichtet. Sie dürfte 1243 fertig gewesen sein, doch wurde an ihr bis ins 19. Jahrhundert hinein an- und um- und weitergebaut.

Altstadt:
Mit Marktplatz, Stadtmauer, Wachtürmen, Rathaus von 1274 als ältestes deutsches Amtshaus überhaupt, Hochzeitshaus als Nordhessens größter Fachwerkbau

Regionalmuseum:
im Hochzeitshaus

Öffnungszeiten:	März bis Dezember	
	dienstags bis freitags	
	und sonntags	10.00 – 12.00 Uhr
	und	15.00 – 17.00 Uhr
	samstags	10.00 – 12.00 Uhr
Auskünfte:	Telefon 0 56 22/98 86 28	

Steinkammergrab:
Die 4 000 Jahre alte Grabanlage bei Züschen gilt als eine der bedeutendsten in Europa; Anfahrt von Fritzlar auf der B 450 nach Lohne, dort links Richtung Züschen bis zum Wegweiser „Steinkammergrab“.

Auskünfte: Touristinformation
Zwischen den Krämen 5, 34560 Fritzlar
Telefon 0 56 22/98 86 43
Telefax 0 56 22/98 86 26
e-Mail: touristinfo@fritzlar.de
Internet: www.fritzlar.de

Mit dem NVV: Linie R39, Bus E 50, 50, 154, 412, 413, 442, 447, 452, 458, 459

„Ein lustige/wiewol kleine Statt"

Matthaeus Merian, der im 17. Jahrhundert nahezu die halbe damals bekannte Welt in Kupfer gestochen und mit wohlgesetzten Worten beschrieben hat, ist auch an Melsungen nicht vorübergegangen. In seinem Kupferstich ist die steinerne Bogenbrücke zu sehen, wie sie noch heute steht. Dahinter die Wassermühle, eine starke und hohe Stadtmauer mit sechs ganz unterschiedlichen Türmen, zwei Kirchen, ein Schloss und das Rathaus sowie viele spitzgieblige Wohnhäuser.

„Milsungen/Melsungen oder Milsingen/", schreibt Merian, „ist ein lustige/wiewol kleine Statt und Schloss/an der Fulda/im Nidern Fürstenthumb Hessen gelegen/davon in einer geschriebenen Thüringischen Chronik stehet/dass/zu den Zeiten Kayser Heinrichs des Sechsten/Landgraf Hermann von Thüringen/dem Bischoff von Mayntz Melsungen abgewonnen/ond besetzt habe."

Fast ließe sich mit Merian ein Stadtbummel beginnen. Denn wenig nur hat sich verändert in den Jahrhunderten seither. „Das Fürstliche Hessische Hauß allhie/hat Landgraf Wilhelm der ältere im Jar 1550 biß auffs 54. von newem zugerichtet. Anno 1556. ward dz jetzige Rathhauß; ond Anno 1596. die Steinerne Bruck ober die Fulda /durch Hülff Landgraf Moritzen zu Cassel gantz außgebauet." Melsungen teilt heute im Faltblatt „Spaziergang durch die historische Altstadt" ein wenig mehr mit als Merian, stimmt aber in den wichtigen Passagen um Schloss, Rathaus, Brücke mit ihm überein.

Landgraf Moritz, der laut Merian 1596 beim Brückenbau noch großzügig finanziell mit eingesprungen war, zeigte sich wenige Jahrzehnte später dem heutigen Melsunger Stadtteil Röhrenfurt gegenüber ausgesprochen ungnädig. Die Röhrenfurter nämlich, die – wie die gesamte Landgrafschaft Hessen – 1526 unter Philipp dem Großmütigen evangelisch geworden waren, hatten sich vorübergehend aus Gründen der Selbsterhaltung vom Protestantismus abgewandt.

Im Dreißigjährigen Krieg nämlich rückte des Kaisers Oberbefehlshaber Tilly mit Truppen der katholischen Liga auf Röhrenfurt. Die Dorfbewohner holten daraufhin kurzentschlossen ihren heiligen Oswald vom Kirchenboden herunter, wo sie ihn nach der Reformation vor mehr als hundert Jahren verstaut hatten. Nun trugen sie ihre Holzskulptur in feierlicher Prozession dem General der katholischen Truppen entgegen.

Der ließ sich täuschen, glaubte ein katholisches Dorf vor sich zu haben und schonte Röhrenfurt. Keinem Hahn und keiner Henne dürfe ein Leid geschehen, soll er angeordnet haben. Die Röhrenfurter aber mussten dennoch büßen. Ihr protestantischer Landesherr im fernen Kasseler Schloss strafte sie dafür, dass sie – wenn auch nur für ein paar Stunden und in einer Art Kriegslist – vom „rechten" Glauben abgefallen waren. Moritz, mit dem Beinamen der Gelehrte, erlegte ihnen eine schwere Geldbuße auf, an der sie Jahrzehnte zu tragen hatten. Bis weit ins 19. Jahrhundert hinein war der „Oswaldgroschen" deshalb in Röhrenfurt populär in Erinnerung an Zeiten der Not.

Einer der Bartenwetzer in Melsungen

Melsungen:

Stadtteile:
Adelshausen, Günsterode, Kehrenbach, Kirchhof, Obermelsungen, Röhrenfurth, Schwarzenberg

Daten:
15 000 Einwohner, 160 – 460 m über dem Meer

Partnerstädte:
Dreux in Frankreich, Evesham in Großbritannien, Todi in Italien, verschwistert mit Koudougou in Burkina Faso/Afrika, Bad Liebenstein in Thüringen, freundschaftlich verbunden mit dem Berliner Stadtteil Spandau

Stadtwappen:
im blauen Schild eine silberne Zinnenmauer mit breitem, rotbedachten Torturm und offenem Tor

Bartenwetzer:
Spitzname für alle Melsunger. Am relativ weichen Sandstein ihrer mittelalterlichen Fuldabrücke wetzten (schärften) die Melsunger früher ihre Barten, die Äxte nämlich, mit denen sie anschließend in den Wald zogen, um Holz zu schlagen. Zwei Bronzefiguren der „Bartenwetzer“ stehen vor und auf der „Bartenwetzer Brücke“.

Stadtrundgang:
Die Tourist-Information hält ein Faltblatt mit Innenstadtplan bereit für all jene, die auf eigene Faust durch die Fachwerkstadt ziehen möchten. Der dort vorgeschlagene Rundgang führt über 23 Stationen durch die Altstadt, kommt zur Bartenwetzer-Brücke, über die Promenade längs der Fulda, zum Alten Friedhof, zum Schlosspark mit Landgrafenschloss.

Stadtführung:
für Einzelpersonen und Kleingruppen gegen Gebühr; für Gruppen jederzeit nach vorheriger Absprache

Führungen:	Mai bis Oktober	
	dienstags	14.00 Uhr
	samstags	11.30 Uhr
	mit Start an der Tourist-Information	
	Dauer rund 1,5 Stunden	

Waldschwimmbad:
mit 50-m-Sportbecken, Sprungbecken, Nichtschwimmerbecken, 65-m-Rutsche, Spielgeräten, Whirlpool, Babypool, Beachvolleyball, Liegewiesen, Minigolf, Kiosk und Gaststätte

Öffnungszeiten:	Mitte Mai bis Mitte September
Auskünfte:	Telefon 0 56 61/32 00

Hallenbad:
Dreuxallee

Öffnungszeiten:	Mitte September bis Mitte Mai
Auskünfte:	Telefon 0 56 61/32 00

Wandern:
Ausgebautes und markiertes Wanderwegnetz. Für Gruppen ab 10 Personen werden Wanderwochenenden mit kundigen Führern rund um Melsungen angeboten.
Neu seit 2002 ist der Kunstpfad „Ars Natura“.

Radwandern:
Melsungen liegt am „Fuldaradweg R1“. Routentipps gibt's in der Tourist-Information. Angeboten wird unter anderem eine Pauschalreise über 190 km durchs Werra- und Fuldatal mit fünf oder acht Übernachtungen mit und ohne Gepäcktransport.

Floßfahrten:
2- und 4-stündige Floßfahrten fuldaabwärts von den Nachbarorten Morschen und Beiseförth nach Melsungen, von Mai bis Oktober, Buchung und Auskunft über Tourist-Information Melsungen

Bootsverleih:
an der Zwei-Pfennigs-Brücke

Verleih:	Mai bis Oktober	
	bei gutem Wetter	
	wochentags	ab 11.00 Uhr
	sonntags	ab 10.00 Uhr
Auskünfte:	Telefon 0 56 61/92 11 00	

i

Tierpark:
im Stadtteil Röhrenfurth, Waldgaststätte „Rose“,
Telefon 0 56 61/43 31

Marktplatz:
Mit Fachwerk-Rathaus aus dem Jahr 1562/68. Oben im Rathausturm zeigt sich täglich um 12.00 und um 18.00 Uhr der Bartenwetzer, Stadtkirche, Landgrafenschloss, Reste der Stadtmauer, mittelalterliche Türme, Inschriften und Schnitzereien im Fachwerkgebälk

Heimatmuseum:
An der Bartenwetzer-Brücke, gezeigt wird die Geschichte der Stadt Melsungen, am Modell des Rathauses wird die Entwicklung des Fachwerkbaus erläutert

Öffnungszeiten:	April bis November	
	samstags und sonntags	15.00 – 17.00 Uhr
Auskünfte:	Telefon 0 56 61/23 78	

Auskünfte:	Kultur- & Tourist-Info Kasseler Straße 44, 34212 Melsungen Telefon 0 56 61/92 11 00 Telefax 0 56 61/92 11 12 e-Mail: tourist-info@melsungen.de Internet: www.melsungen.de
Mit dem NVV:	Linie R5, Bus 431, 432, 433, 436, 438, 440, 442, 443, 444, 445, 446

Wie weit die Liebe trägt

„Liebenbachstadt" nennt sich Spangenberg mit einigem Stolz. Der Anlass aber, der dem Städtchen zum Beinamen verhalf, ist gar tragisch. Die Geschichte dazu, die am Ort jeder kennt, die auch heute noch gern erzählt wird, führt zurück ins 14. Jahrhundert.

Da bestimmte der Bürgermeister Sinning die Geschicke der Stadt. Vereinsamt und verbittert war er, seit ihm die Frau gestorben war. Geblieben war ihm die schöne Tochter Else und die sollte es eines Tags besser haben als der Vater. Der hatte ihr den Franz, Sohn des landgräflichen Schlossverwalters, schon frühzeitig als künftigen Ehemann ausgewählt.

Doch Else hielt wenig vom Franz. Sie hatte sich unsterblich in den Kuno verliebt, Sohn einfacher Bürgersleute. Ihn oder keinen wollte sie zum Mann. Doch mit dem Vater war nicht zu reden. Da griff ein vorerst gnädiges Schicksal ein. Es warf den Vater aufs Krankenlager, so dass der sein letztes Stündlein gekommen glaubte.

Dem Tod nah versprach er, die Tochter dürfe an ihrem 21. Geburtstag heiraten, wen sie wolle, und sei's auch der Kuno. Doch der alte Sinning wurde gesund, wollte von seiner Rede auf dem Krankenbett nichts mehr wissen. Im Gegenteil, er hatte Elses gemeinsame Zukunft mit dem Franz längst verplant. In der Ratsversammlung wollte er die Verlobung bekannt geben. Doch da trat Else nicht mit dem Franz, sondern mit ihrem Kuno an der Hand in den Saal.

Der Vater tobte und wollte den armen Schlucker festsetzen lassen. Die Stadträte mahnten ihn, nicht so halsstarrig zu sein. Sie erinnerten ihn an sein Versprechen, die Tochter heiraten zu lassen, wen sie wolle, sei sie erst mal 21. Und so weit sei es ja nun wohl. Bürgermeister Sinning gab nach. Else durfte ihren Kuno nehmen.

Aber zuerst müsse der künftige Bräutigam den Spangenbergern die lang ersehnte Wasserleitung bauen. Ohne jede Hilfe von Meister, Geselle oder Lehrling habe der Böttchergeselle Kuno die hölzernen Wasserrohre herzustellen und von der Quelle am Bromsberg herunter in die Stadt verlegen.

Beide Liebenden machten sich ans Werk. Else, die ja weder Meister noch Geselle noch Lehrling bei Kuno war, packte nach Kräften mit an. Viel Zeit blieb ihnen nicht. Drei Monate hatte der Vater als Frist gesetzt. Dann müsse das Wasser fließen.

Tag und Nacht schafften die beiden, fällten Bäume, hoben Gräben aus, schnitzten die Wasserröhren. Die Spangenberger schauten gebannt zu, wie die Arbeit voranging. Keiner durfte mit anpacken. Else wurde von Tag zu Tag schwächer. Auch Kuno fiel die Arbeit immer schwerer. Aber sie hielten durch.

Als die letzte Röhre verlegt, der letzte Graben zugeschüttet war und die Rathausglocke schon das Ende der gesetzten Frist ankündigte, da ließ Kuno von der Quelle her das Wasser in die Leitung strömen. Und es lief und lief und lief, und es kam am Rathausbrunnen an, und es sprudelte in den hölzernen Bottich, dass unter den Spangenbergern ein ungeheurer Jubel ausbrach.

Voller Begeisterung machten sie sich sofort auf den Weg zum Bromsberg, um das siegreiche Paar abzuholen und in die Stadt zu führen. Doch als sie an der Quelle ankamen, fanden sie die Liebenden eng umschlungen auf einem Felsen sitzend – tot. Waren sie an Entkräftung gestorben, oder hatte sie die Freude über das gelungene Werk und die gemeinsame Zukunft überwältigt? Die Spangenberger erfuhren es nicht mehr.

Aber dankbar, wie sie ihrer Else und ihrem Kuno nun wohl sein mussten, haben sie ihnen ein Denkmal gesetzt. Wie sie da zusammengesunken an der Quelle gesessen hatten, so halten sie sich jetzt fest umschlungen, in Bronze gegossen, am Stadtbrunnen die Treue – für immer.

i

Spangenberg:

Stadtteile:
Bergheim, Bischofferode, Elbersdorf, Herlefeld, Kaltenbach, Landefeld, Metzebach, Mörshausen, Nausis, Pfieffe, Schnellrode, Vockerode-Dinkelberg, Weidelbach

Daten:
7 300 Einwohner, 360 m über dem Meer

Stadtwappen:
Ein halbes Rad der Spangenberger Adelsfamilie Treffurt und ein als Liliengebinde gedeutetes, ornamental stilisiertes Bündel pflanzlicher Formen.

Historische Persönlichkeiten:
Margarethe von der Saale, mit der Landgraf Philipp I. zu Hessen, auch der Großmütige genannt, 1540 im Alter von 35 Jahren eine Nebenehe geschlossen hatte, wohnte im Spangenberger Schloss.

Stadtrundgang:
„Spangenberg mit Kinderfüßen entdecken" heißt ein kleiner Stadtführer, den das Service Center Spangenberg ausgibt.

Freibad:

Öffnungszeiten: Mai bis September

Auskünfte: Telefon 0 56 63/72 97

Hallenbad:	Frühmessergasse 9	
Öffnungszeiten:	Oktober bis April	
	dienstags, donnerstags	
	und freitags	9.15 – 12.00 Uhr
	und	15.00 – 21.00 Uhr
	mittwochs	15.00 – 21.00 Uhr
	samstags	9.15 – 17.00 Uhr
	sonntags	9.00 – 13.00 Uhr
	montags und mittwochs	
	vormittags	geschlossen
Auskünfte:	Telefon 0 56 63/93 03 10	

Grillplätze:
in Elbersdorf, Landefeld, Mörshausen, Vokkerode-Dinkelberg und Schnellrode, Vorbestellen beim Service Center Spangenberg, Telefon 0 56 63/72 97

Radwandern:
Radtouren werden im Service Center angeboten zu historischen Stätten, zu Mühlen, Burgen und Schlössern, auch in und um Spangenberg selbst mit Längen zwischen 47,5 und 113 km.

Wandern:
Im Service Center Spangenberg gibt's Unterlagen für ein- und mehrtägige Wandertouren zwischen 14 und 54 km.

Marktplatz:
Kuno und Else am Liebenbachbrunnen

„Spangenberger Gewölbemarkt":
Jeden Freitagnachmittag von April bis November öffnen die Spangenberger ihre historischen Gewölbekeller rund um den Marktplatz zum Besuch.

„Backhausfeste":
In den Sommermonaten zu wechselnden Terminen werden Brot und Kuchen wie in alten Zeiten gebacken.

Auskünfte:	Service Center Spangenberg
	Telefon 0 56 63/72 97

ℹ **Heimatmuseum:**

Auf 15 Räume verteilt stellt es auf einer Fläche von 360 m² die Lebens- und Arbeitswelt der Spangenberger Region in den vergangenen Jahrhunderten dar.

Öffnungszeiten:	April bis Oktober samstags, sonntags und feiertags	14.00 – 17.00 Uhr
Auskünfte:	Telefon 0 56 63/61 47 oder /72 97	

Jagd- und Schlossmuseum:

Im ehemaligen Zeughaus des Spangenberger Schlosses ist in drei Ausstellungsräumen das Jagdmuseum eingerichtet. Es zeigt, wie in früheren Jahrhunderten gejagt wurde, enthält eine Bilder- und eine Trophäensammlung zum Thema Jagd und erzählt die 760-jährige Geschichte des Schlosses vom Mittelalter bis ins 19. Jahrhundert.

Öffnungszeiten:	wie das Heimatmuseum
Auskünfte:	Telefon 0 56 63/3 85 oder /72 97

Auskünfte:	Service Center Spangenberg Rathausstraße 7, 34286 Spangenberg Telefon 0 56 63/72 97 Telefax 0 56 63/93 04 06 e-Mail: servicecenter@spangenberg.net Internet: www.spangenberg.net
Mit dem NVV:	Linie 438, 439, 440, 441

Burg Spangenberg reicht bis ins 13. Jahrhundert zurück

Kohlengruben zu Badestränden

Rund ums nordhessische Kleinstädtchen Borken hat über Jahrzehnte hin der Braunkohletagebau die Landschaft von Grund auf verwandelt. Kartoffel- und Getreideäcker wurden mit den mächtigen Baggerschaufeln der Kohleförderer abgeräumt. Zurückgeblieben sind riesige Löcher in der Erde, die am Ende der Borkener Kohlezeit mit Wasser vollgelaufen sind. Das „Borkener Seenland" ist daraus geworden.

Der „Stockelache See" hat sich zur Badelandschaft für Familien mit Kindern entwickelt. Der „Singliser See" ist wegen seiner besonderen Windverhältnisse vornehmlich das Revier der Surfer. Den „Gombether See" gibt es erst in Ansätzen. Er ist noch nicht ausreichend mit Wasser gefüllt, soll eines nicht fernen Tags das Borkener Seenland vervollständigen. Tabu für Wasser-, nicht aber Naturfreunde ist und bleibt auf alle Zeit der „Borkener See". Seine 132 Hektar große Wasserfläche ist Kernstück eines Naturschutzgebiets von gut 350 Hektar.

Um den Borkener See

Auf dem See tummeln sich Höckerschwan und Haubentaucher, Bläss- und Teichhuhn. Im seichten Wasser nah am Ufer steht still und unbewegt der Graureiher. Das dichte Gebüsch am Ufersaum bewohnen Amsel, Fink, Meise. Der Kormoran streicht übers Gewässer und auf den Wiesen drumherum blökt die Schafherde. Der Borkener See ist ein Naturschutzgebiet von überregionaler Bedeutung in Deutschland, für Europa auch.

Um diesen See herum führt ein siebeneinhalb Kilometer langer Wanderweg mit gelegentlich geringfügigen Steigungen. Mal läuft er näher am Ufer hin, mal ferner. Von den Höhen bietet sich ein freier Blick übers Wasser, auf die umliegenden Dörfer, auf die Höhenzüge des Kellerwalds auch. Aussichtspunkte sind eingerichtet, von denen der Wanderer der Tierwelt am und auf dem See zuschauen kann.

Der Rundweg ist gut markiert. Die Wanderung kann an verschiedenen Stellen beginnen. Diese startet im Borkener Stadtteil Nassenerfurth am südlichen Seeufer. Der Schotterweg, der am Parkplatz bei den Sportanlagen vorüberführt, passiert das Diakonissenzentrum „Zechenhof". Am Weg lagert die ausgediente Schaufel eines Kohlebaggers. Gleich darauf erklärt eine Informationstafel See und Wanderroute.

Es folgt ein überdachter Beobachtungsstand mit der Darstellung heimischer Vogelarten. Ein Holzsteg überbrückt den Überlaufgraben, der den Wasserstand im See reguliert. Der Radweg R15 nutzt nun den Rundweg. Er kommt an einen Jägerstand und trifft nah der

Bahnlinie auf eine weitere Informationstafel. Der Weg steigt in die Senke und näher zum See hinab, bietet bald einen kleinen Umweg, der nah ans Ufer führt.

Drei Kilometer nach dem Start in Nassenerfurth läuft die Wanderung auf einen spitzen weißen Borkener Kirchturm zu. Nach und nach nähert sich die Runde dem Nordende des Sees. Das Hallenbad wird passiert. Abgesetzt vom Ostufer steigt der Rundweg an, läuft an Wiesen vorüber und an Obstbäumen, gibt nach rechts den Blick über den ganzen See frei und hinaus zum Stadtteil Trockenerfurth. Hin und wieder trifft der Wanderer auf eine Ruhebank.

Ehe die Runde in Nassenerfurth zu Ende geht, senkt sich der Weg wieder auf Seehöhe. Rechts über dem Wasser liegt fern und ein wenig erhöht die Stadt Borken, auffällig überragt von ihrem Wasserturm.

Reichlich warten muss der Graureiher auf Beute

i

Borken

Stadtteile:
Arnsbach, Dillich, Freudenthal, Gombeth, Großenenglis, Haarhausen, Kerstenhausen, Kleinenglis, Lendorf, Nassenerfurth, Pfaffenhausen, Singlis, Stolzenbach und Trockenerfurth

Daten:
15 200 Einwohner, 168 – 433 m über dem Meer

Partnerstädte:
Méru, Noailles und Haucourt-Moulaine-St. Charles in Frankreich, Hüttschlag in Österreich, freundschaftliche Beziehungen zu Borken in Westfalen, Teuchern in Sachsen-Anhalt und Telfs in Österreich

Stadtwappen:
Ein roter Löwe mit dem silbernen Ziegenhainer Stern in Anlehnung an den Löwen des Bundeslandes Hessen.

Stadtrundgang:
Führung durch die Altstadt (mindestens 10 Personen), Dauer 1 Stunde, Anmeldung in der Tourist-Information

Naturbadesee Stockelache:
Badesteg, Badeinseln, Abenteuerspielplatz, Restaurant mit Seeterrasse, Grillplatz, Wasserrutsche, Liegewiese, Sandstrand, Tretbootverleih, Beachvolleyball, Wachstation

Borkener See:
Naturschutzgebiet, 7,5 km Rundwanderweg mit Beobachtungsplätzen Bei dieser Tour darf das Fernglas nicht fehlen!

Der Weg zum Borkener See:
A 49 Kassel – Marburg, Ausfahrt 17 Neuenthal, über Zimmersrode nach Borken-Nassenerfurth zum Parkplatz am Sportplatz

Singliser See:
Surfschule, Küstenwachboot „KW 18“ als Vereinsheim

Hallenbad:
in Borken; Schwimmbecken, Sprungturm, Kleinkinder-Erlebnisbereich, Cafeteria, Solarium, Sauna, Dampfbad, Liegewiese

Öffnungszeiten:	dienstags bis donnerstags	7.30 – 21.00 Uhr
	freitags	7.30 – 18.00 Uhr
	samstags	9.00 – 18.00 Uhr
	sonntags	9.00 – 13.00 Uhr
Auskünfte:	Telefon 0 56 82/25 12	

Minigolf:
am Wasserturm

Öffnungszeiten:	Mai bis September	
	täglich	15.00 – 20.00 Uhr
	samstags, sonn- und feiertags	14.00 – 20.00 Uhr
Auskünfte:	Telefon 0 56 82/8 08 27	

Wandern/Radwandern:
Einen Stadtplan mit Rad- und Wanderwegen gibt's in drei verschiedenen Maßstäben in der Tourist-Info.

Nordhessisches Braunkohle Bergbaumuseum:
am Amtsgericht 2, 34582 Borken
Besucherstollen, Ausstellung zur Geschichte des Bergbaus in Borken und Nordhessen, Sonderausstellungen

Öffnungszeiten:	dienstags und donnerstags	10.00 – 12.00 Uhr
	dienstags bis sonntags	14.00 – 17.00 Uhr
	altersgerechte Führungen fur Kinder	
Auskünfte:	Telefon 0 56 82/57 38	

Museumsstraße:
mit Großobjekten und Skulpturen, künstlerisch verarbeitet aus Originalmaterial der Kraftwerk- und der Tagebautechnik

Auskünfte:	Tourist-Info Bahnhofstraße 33, 34582 Borken Telefon 0 56 82/80 82 70 Telefax 0 56 82/80 11 65 e-Mail: touristinfo@borken-hessen.de Internet: www.borken-hessen.de
Mit dem NVV:	Linie R30, Bus 411, 413, 414, 447

„Ligt an sich selbsten hoch und lustig"

„Statt und Schloss im Nidern Fürstenthumb Hessen/ins gemein Hom-burg in Hessen genant/ligt an sich selbsten hoch und lustig/deß fernen anmuthigen Außsehens wegen."

Wie Matthaeus Merian, Kupferstecher, Radierer und Verleger in Frankfurt am Main, die Kleinstadt Homberg an der Efze vor mehr als 300 Jahren gesehen, etwas umständlich beschrieben und im Kupferstich abgebildet hat, so präsentiert sie sich zum großen Teil noch heute. Der Besucher muss nur zum Homberger „Stadtwald" hinaufsteigen. Schon liegen ihm der „Schlossberg" mit den Resten der einstigen Burganlage, die Stadtkirche, die noch teilweise mit Mauern umgebene Altstadt zu Füßen.

Der Stadtwald oberhalb der beiden in den fünfziger Jahren des vorigen Jahrhunderts errichteten Homberger Kasernen ist beliebtes Ausflugsziel für Spaziergänger, Wanderer, Waldläufer, Jogger. Von mehreren Rundwegen ist der mit dem Wanderzeichen „gelbes H 1" markierte Rundweg in einer guten Stunde leicht abzugehen. Er führt ausschließlich durch Waldgelände, das mal aus Laub-, mal aus Nadelholz besteht. Er steigt und fällt gelegentlich, ist aber insgesamt nicht anstrengend.

Ausgangspunkt der kleinen Wanderung ist ein Parkplatz mit einer Sitzgruppe am Waldrand. Zu ihm führt ein Fahrweg. Der zweigt von der Straße Richtung Waßmuthshausen auf der Höhe 1 000 Meter nach den Kasernen links ab und läuft am Wald entlang. Er ist frei nur für Fahrzeuge mit zulässigem Gesamtgewicht von 3,5 Tonnen. Nach 500 Metern auf diesem Weg steht rechts im Winkel mit einem abzweigenden Waldweg eine Schutzhütte. Hier bietet sich der schönste Blick aufs Städtchen. Bis zum Wanderparkplatz sind's noch mal 400 Meter stets am Waldrand hin.

Zurück zu Matthaeus Merian: „Das Schloss belangend", teilt er mit, „ligt es auff einem hohen freyen Berg/und ist/neben dem Hause Boyneburg/das älteste Schloss im gantzen Fürstenthumb Hessen/von Landgraff Herman/welcher auch Bischoff zu Cölln gewesen/anfänglich erbawet. Hat ein herrlich weit umbfangenes außsehen; davon man über hundert Dörffer/Stätte/unnd Häuser/in der nähe zehlen kan."

Homberg war Ausgangspunkt der Reformation in Hessen. Landgraf Philipp der Großmütige hatte auf den 20. Oktober 1526 alle Geistlichen seines Landes, die Vertreter der Klöster, die Ritter, Bürgermeister und Ratsherren der Städte nach Homberg einberufen. In der Stadtkirche oberhalb des Marktplatzes wurde auf der mehrtägigen Synode heftig gestritten, schließlich die „Homberger Kirchenordnung" angenommen, womit Hessen protestantisch wurde. Der Landgraf wies Vorwürfe zurück, er habe die Reformation nur inszeniert, um den Besitz der reichen hessischen Klöster an sich zu bringen.

Homberg (Efze)

Stadtteile:
Allmuthshausen, Berge, Caßdorf, Dickershausen, Holzhausen, Homberg, Hombergshausen, Hülsa, Lembach, Lützelwig, Mardorf, Mörshausen, Mühlhausen, Relbehausen, Rodemann, Roppershain, Rückersfeld, Sondheim, Steindorf, Waßmuthshausen, Welferode, Wernswig

Daten:
17 000 Einwohner, 180 – 526 m über dem Meer

Stadtwappen:
Im blauen Schild oben ein schreitender, rotgezungter, goldener Löwe, unten zwei kleinere, einander zugewandte, steigende, goldene Löwen.

Stadtrundgang:
Ein 20 Seiten starkes Heftchen der Touristinformation führt über 28 Stationen durch die von Fachwerkhäusern und verwinkelten Gassen geprägte Homberger Altstadt. Eine weitere Schrift erzählt die Geschichte der Stadt, der Stadtkirche, der Burg und führt durchs Heimatmuseum.

Stadt und Schloss Homberg – „hoch und lustig"

Stadtführungen:
Veranstaltet von der „Stadtführerzunft Homberg", gebucht über die Touristinformation, Telefon 0 56 81/99 41 51

Erlebnisbad am Erleborn:
Freibad mit 60 m langer Rutsche, Volleyball, Badminton

Auskünfte:	Telefon 0 56 81/35 43

Hallenbewegungsbad:
in Hülsa, mit Sauna, Solarium, Cafeteria

Auskünfte:	Telefon 0 56 86/7 40

Tierpark:
Wildpark Knüll in Allmuthshausen (siehe Kapitel 40)

Burgruine:
Auf dem Schlossberg mit dem tiefsten ausgemauerten Basaltbrunnen Deutschlands und einem Aussichtsturm, von dem aus 40 Dörfer in der Umgebung zu sehen sind; ständig frei zugänglich. In der Nachfolge der Burgfräulein vom Schlossberg wird heute jährlich eine Hombergerin auserkoren, die das Fachwerkstädtchen draußen in der Welt repräsentiert.

Stadtkirche:
aus dem 14. Jahrhundert, in der 1526 die Reformation fürs Kurfürstentum Hessen beschlossen wurde

Öffnungszeiten:	täglich	10.00 – 17.00 Uhr
	Falls dennoch geschlossen, gibt's den Schlüssel schräg gegenüber in der Buchhandlung Mönch an der Westheimer Straße 5.	

Heimatmuseum:
Im Hochzeitshaus von 1517 mit großem Stadtmodell und historischer Hochzeitsküche.

Öffnungszeiten:	April bis Oktober	
	mittwochs	14.30 – 16.30 Uhr
	samstags und sonntags	10.00 – 12.00 Uhr
	und	14.00 – 16.30 Uhr
Auskünfte:	Gruppenführungen unter Telefon 0 56 81/22 72 oder /36 67	

Auskünfte:	Stadtverwaltung Homberg Touristinformation, 34576 Homberg/Efze Telefon 0 56 81/99 41 51 Telefax 0 56 81/99 42 99 e-Mail: info@homberg-efze.de Internet: www.homberg-efze.de
Mit dem NVV:	Linie 413, 414, 421, 422, 423, 424, 425,426, 427, 443, 453, 454, 455, 456

Durchs „Pförtchen" direkt hinauf zur Burgruine

40 Wildpark Knüll

Bei Wisent, Luchs und Sikahirsch

Alle sagen „Knüllgebirge". Doch das hügelige Land, das da zwischen den Flüssen Schwalm und Fulda sich hinstreckt, ist alles andere als ein Bergland. Mit seinen 632 Metern bildet das „Knüllköpfchen" schon den höchsten Punkt. Und auch die übrigen Buckel und Hänge sind auch nicht grad das, was ein rechtes Gebirge ausmacht.

Dennoch ist dies eine abwechslungsreiche Landschaft mit weitläufigen Wäldern, mit Wiesen und Weiden, mit wenigen Dörfern nur, mit freien Ausblicken übers wellige Land, mit Wegen und Pfaden, die in stille Winkel führen, in denen dem Wanderer höchstens mal eine blökende Schafherde begegnet – weiter nichts. Am nördlichen Rand dieses ruhigen, fast einsamen Ländchens liegt der gut 50 Hektar große „Wildpark Knüll" des Schwalm-Eder-Kreises.

In knapp 30 unterschiedlich großen Gehegen, zum Teil auch frei im Park lebend, werden 40 heimische Tierarten gehalten, unter ihnen einige, die in freier Wildbahn nicht mehr vorkommen. Aber auch Mufflons leben hier, die kleinsten aller Wildschafe, die ursprünglich auf Sardinien und Korsika zu Haus waren. Aus Ostasien eingebürgerte Sikahirsche äsen auf den Lichtungen, dabei auch Dam- und Rotwild.

Wisente, die schon ausgestorben waren und rückgezüchtet wurden, bewegen sich eher träge am Waldrand. Wildpferde tollen miteinander auf der Weide. Luchs und Wildkatze ruhen im Schatten aus oder steigen lautlos einen Baumstamm hinauf. Und natürlich suhlen sich ganze Wildschweinfamilien im Schlamm des Waldbodens.

Rundwege von viereinhalb Kilometern Länge führen durch den Wildpark. Immer mal wieder springt ein Rudel Rehe über den Pfad. Viele Tiere lassen sich bereitwillig anfassen und streicheln. Gute zweieinhalb Stunden braucht es schon, den ganzen Park zu durchstreifen. Danach ist Zeit nötig zum Besuch des „Naturzentrums" und vielleicht auch zum Betrachten einer Bilderschau nebenan.

i

Der Weg zum Wildpark:
A 7, Abfahrt Homberg/Efze, weiter über Remsfeld, Schellbach der Beschilderung Wildpark Knüll nach.

Öffnungszeiten:	1. April bis 31. Oktober	
	täglich	9.00 – 18.00 Uhr
	26. Dezember bis 31. März	
	täglich	10.00 – 16.00 Uhr
	1. November bis 25. Dezember	geschlossen

i

Auskünfte: Naturzentrum & Wildpark Knüll
34576 Homberg/Efze
Stadtteil Allmuthshausen
Telefon 0 56 81/28 15
Telefax0 56 81/92 10 92
e-Mail: wildpark-knuell@t-online.de
Internet: www.freizeit-schwalm-eder.de

Im Wildpark liegt ein Restaurant.

Mit dem NVV: Linie 425, 427

Damwild im Wildpark Knüll

Ortsverzeichnis
(mit Kapitelangaben)

Stichwortverzeichnis
(mit Kapitelangaben)

144 Seiten, 33 Schwarzweißfotos, 8 Kartenskizzen

Bei Ausflügen im Bergischen Land beeindrucken nicht nur die landschaftlichen Reize dieser Region, die von unserer Autorin **Renate Florl** vorgestellten Touren lassen sich auch leicht mit dem Besuch aufregender Attraktionen und Sehenswürdigkeiten verbinden: Der Märchenwald Altenberg verzaubert die Besucher mit Darstellungen Grimm'scher Märchen; in die Geschichte der Menschheit entführt uns das Neanderthal-Museum bei Hochdahl; eine Fahrt mit der Bergischen Postkutsche oder der Wuppertaler Schwebebahn macht Klein und Groß Spaß. Für kurzweilige und spannende Unterhaltung sorgen auch die Spielideen für unterwegs. Ein ausführlicher Info-Teil am Ende jedes Kapitels gibt Auskunft über Anfahrtswege, Öffnungszeiten, Eintrittspreise...

ISBN 3-87230-533-0

144 Seiten, 40 Farbfotos

Dieser Band des beliebten Reisejournalisten **Gerrit-Richard Ranft** wurde von vielen Familien sehnsüchtig erwartet. Der Spessart ist noch immer ein weitgehend unentdecktes Ausflugsziel, in dem es wahrlich viel zu ergründen gibt. Das größte zusammenhängende Laubwaldgebiet Deutschlands ist ein ideales Ziel für Familien: Märchen, Sagen und Geschichten rund um eine Vielzahl von Burgen, Schlössern und Museen, dazu die Ruhe und Abgeschiedenheit herrlicher Wanderwege, lassen den Wochenend-Ausflug oder die Ferienwoche zum gemeinsamen Erlebnis für Klein und Groß werden. Ausführliche Info-Teile mit vielen praktischen Hinweisen zu Anfahrt, Öffnungszeiten... erleichtern die Planung und den Aufenthalt.

ISBN 3-87230-579-4

168 Seiten, 36 Farbfotos

Nach ausgedehnten Touren mit kleinen und großen Freunden hat unsere Autorin **Renate Nuppenau** entsprechend dem Wissensdurst und dem Bewegungsdrang der Kinder eine ideale Planungsgrundlage für viele gelungene Ausflüge zusammengestellt. Wanderungen zu Ferkeltaxis, Sterntalern, Kobolden und Zirkusbären, Spielplätzen, Badestellen und vielen anderen Zielen bieten tolle Anreize, mit Kindern in Brandenburg unterwegs zu sein. Aber auch die Natur kommt nicht zu kurz, sei es im Biosphärenreservat bei Rühstädt, auf dem Menzer Naturlehrpfad oder in der Ökostation Prenzlau. Ein ausführlicher Info-Teil am Ende eines jeden Kapitels gibt Auskunft über Anfahrtswege, Öffnungszeiten, Eintrittspreise...

ISBN 3-87230-571-9

144 Seiten, 49 Farbfotos,
2 Wanderskizzen

Die Autorin **Renate Nuppenau** führt Familien – und vor allem die Kinder der Familien – zu den schönsten Ausflugszielen des nördlichsten Bundeslandes. Raus in die Natur oder lieber rein ins Museum? Lassen Sie die Kinder doch einfach mit entscheiden! Ob Tagesausflug oder Ferienaufenthalt, ob auf dem Festland oder einer Insel: Die Tipps der erfahrenen Journalistin, die selbst in Schleswig-Holstein aufgewachsen ist, sind vor der Aufnahme in den Ausflugsführer von Kindern getestet und erprobt. Damit sind gelungene Ausflüge und Urlaubstage garantiert. Ausführliche Info-Teile in jedem Kapitel mit Öffnungszeiten, Eintrittspreisen, Telefonnummern, Mailadressen... erleichtern die Planung schon zu Hause.

ISBN 3-87230-578-6

117 Seiten, 29 Schwarzweißfotos

„Im Harz unterwegs zu sein macht Spaß!" Wenn man den 22 Tourenvorschlägen unseres Autors **Wolfgang Knape** folgt, muss man ihm dabei einfach zustimmen. Das nördlichste deutsche Gebirge wird in jeder Himmelsrichtung „erobert". Dabei geht es durch wildromantische Felstäler, vorbei an Burgen, Schlössern, tiefen Gruben und geheimnisvollen Höhlen, aber auch zu historischen Städten wie Goslar, den berühmten Harzer Schmalspurbahnen oder dem Harzfalkenhof bei Bad Sachsa. Aufgelockert durch Sagen und Legenden sind die Touren für Klein und Groß kurzweilig beschrieben. Ein ausführlicher Info-Teil am Ende jedes Kapitels gibt Auskunft über Öffnungszeiten, Anfahrtswege, Eintrittspreise...

ISBN3-87230-537-9

132 Seiten, 29 Schwarzweißfotos, 10 Kartenskizzen

Das gebirgige Land zwischen Werra und Fulda, zwischen dem Kreuzberg und dem Hessischen Kegelspiel, hält eine Fülle an Überraschungen bereit. Unser Autor **Gerrit-Richard Ranft** stellt in diesem Band 24 Touren durch den Naturpark Rhön vor. Die Rhön ist gerade für Kinder eine nahezu unerschöpfliche Fundgrube für immer neue Entdeckungen. Burgen und Klöster beflügeln als Überbleibsel längst vergangener Zeiten die Fantasie und neben der reichen Flora und Fauna gibt es auch gewaltige Felsformationen zu bestaunen. Die zahlreichen Touren sind speziell auf die Bedürfnisse von Kindern ausgerichtet und werden durch einen ausführlichen Info-Teil am Ende eines jeden Kapitels sinnvoll ergänzt.

ISBN 3-87230-538-7

144 Seiten,
29 Farbfotos,
18 Karten

Kinder wollen nicht nur radeln, sie wollen auch forschen und entdecken, spielen und plantschen. Ob Fußballstadien, Segelflugplatz, Streichelzoo, ob Telefonmuseum oder Natur pur – **Torsten Kiehne** bietet in seinem Radwanderführer für Familien Touren in und um Hamburg an, bei denen die Interessen und Möglichkeiten der Kinder im Vordergrund stehen.
Dank detaillierter Info-Teile, die nicht nur Anfahrtswege, sondern auch Öffnungszeiten, Preise und Telefonnummern der Sehenswürdigkeiten enthalten, lassen sich die Ausflüge bestens vorbereiten und problemlos durchführen. Speziell angefertigte Tourenkarten machen diesen Führer zu einem unentbehrlichen Begleiter einer jeden Familienradtour.

ISBN 3-87230-574-3

144 Seiten,
42 Farbfotos,
18 Karten

Bettina Schümann führt in diesem Band zu Zielen vom südlichen Isartal ins Fünf-Seen-Land. Dabei legt sie Wert auf Anreise mit dem MVV, auf Strecken für Kinder jeden Alters und auf Ziele entlang der Route zum Staunen und Spielen, Baden und Plantschen, Rasten und Ruhen. Aber auch die Großen kommen nicht zu kurz: Bei schönem Wetter laden Biergärten und Strandbäder ein. Als Bonbon für Kinder hat die Autorin Vorschläge für besondere Geburtstagsfeste, wie z. B. im Planetarium oder im Tierpark. Am Ende jedes Kapitels gibt es Info-Teile mit Angaben zu Öffnungszeiten, Preisen, Telefonnummern usw. Auch sind die Touren durch eine Alterseinschätzung der Autorin gegliedert, so dass den Eltern die Auswahl erleichtert wird.

ISBN 3-87230-575-1

144 Seiten, 29 Schwarzweißfotos

Renate Florl lädt Sie ein, mit Ihren Kindern die Welt der Technik zu erleben. Nutzen Sie die Gelegenheit, in Gottlieb Daimlers Wohnzimmer zu schmausen oder fleißigen Handwerkern bei der Arbeit zuzuschauen. Mütter werden ihre Freude daran haben, bei der Fertigung von Schmuck und Uhren dabei zu sein, und die Herzen der Väter werden bei Eisenbahnen und Dampfloks höher schlagen. Vor allem aber werden neugierige Kinderfragen beantwortet: im Eisenerzbergwerk bei Neuenbürg oder im Stadt- und Technikmuseum Pforzheim. Alles kinderleicht und bestimmt nicht langweilig! Ein ausführlicher Info-Teil am Ende jedes Kapitels gibt Auskunft über Anfahrtswege, Öffnungszeiten und Eintrittspreise.

ISBN 3-87230-551-4

180 Seiten, 25 Schwarzweißfotos

Mit dem Rad die Eifel entdecken – das ist ein Riesenspaß für Jung und Alt. Unser Autor **Hans Joachim Rech** stellt 18 Touren quer durch die Eifel vor. Unterwegs in dieser fantastischen Mittelgebirgslandschaft begleitet uns „Herr von Weißnicht“, unser Plüsch-Freund, der (fast) alles weiß und immer den richtigen Weg kennt, z. B. zu den Vulkanseen bei Daun oder zum schönsten deutschen Wasserkraftwerk in Heimbach-Hasenfeld am Ruhrstausee, der so groß ist, dass Schiffe darauf fahren können. Der Sachbuchteil enthält anschauliche und kindgerechte Erklärungen zu naturkundlichen Phänomenen der Eifel. Ein ausführlicher Info-Teil am Ende jedes Kapitels gibt Auskunft über Anfahrtswege, Öffnungszeiten...

ISBN 3-87230-545-X